João Martins de Athayde

Biblioteca de Cordel

João Martins de Athayde

Introdução
Mário Souto Maior

hedra

São Paulo, 2010

Copyright© desta edição, Hedra 2000

Capa
Julio Dui

Projeto gráfico e editoração *Hedra*
Revisão
Cide Piquet
Iuri Pereira

Ilustrações de quarta-capa
José Lourenço

Dados Internacionais de Catalogação na Publicação (CIP)
(Câmara Brasileira do Livro, SP, Brasil)

Athayde, João Martins, 1877–1959.
introdução de — São Paulo: Hedra, 2000. — (Biblioteca de Cordel)

Bibliografia.
ISBN 85-87328-21-2
1. Athayde, João Martins de 2. Literatura de cordel–Brasil 3. Literatura de cordel–Brasil–História e crítica I. Maior, Mário Souto. II. Título. III. Série

00-0126   CDD-398.20981
Índices para catálogo sintemático:
1. Brasil: Cordelistas: Biografia e obra: Literatura folclórica 398.20981
2. Brasil: Literatura de cordel: História e crítica: Folclore 398.20981

[2010]
Direitos reservados em língua portuguesa
EDITORA HEDRA
R. Fradique Coutinho, 1139, subsolo
CEP 05416-011, São Paulo-SP, Brasil
+55-11-3097-8304
www.hedra.com.br

Foi feito depósito legal.

BIBLIOTECA DE CORDEL

A literatura popular em verso passou por diversas fases de incompreensão e vicissitudes no passado. Ao contrário de outros países, como o México e a Argentina, onde esse tipo de produção literária é normalmente aceita e incluída nos estudos oficiais de literatura — por isso poemas como "La cucaracha" são cantados no mundo inteiro e o herói do cordel argentino, Martín Fierro, se tornou símbolo da nacionalidade platina —, as vertentes brasileiras passaram por um longo período de desconhecimento e desprezo, devido a problemas históricos locais, como a introdução tardia da imprensa no Brasil (o último país das Américas a dispor de uma imprensa), e a excessiva imitação de modelos estrangeiros pela intelectualidade.

Apesar da maciça bibliografia crítica e da vasta produção de folhetos (mais de 30 mil folhetos de 2 mil autores classificados), a literatura de cordel — cujo início remonta ao fim do século XIX — continua ainda em boa parte desconhecida do grande público, principalmente por causa da distribuição efêmera dos folhetos. E é por isso que a Editora Hedra se propôs a selecionar cinqüenta estudiosos do Brasil e do exterior que, por sua vez, escolheram cinqüenta poetas populares de destaque e prepararam um estudo introdutório para cada um, seguido por uma antologia dos poemas mais representativos.

Embora a imensa maioria dos autores seja de origem nordestina, não serão esquecidos outros pólos produtores de poesia popular, como a região sul-riograndense e a antiga capitania de São Vicente, que hoje abrange o interior de São Paulo, Norte do Paraná, Mato Grosso, Mato Grosso do Sul, parte de Minas Gerais e Goiás. Em todos esses lugares há poetas populares que continuam a divulgar os valores de seu povo. E isso sem nos esquecermos do Novo Cordel, aquele feito pelos migrantes nordestinos que se radicaram nas grandes cidades como Rio de Janeiro e São Paulo. Tudo isso resultará em um vasto panorama que nos permitirá avaliar a grandeza da contribuição poética popular.

Acreditamos, assim, colaborar para tornar melhor conhecidos, no Brasil e afora, alguns dos mais relevantes e autênticos representantes da cultura brasileira.

> Dr. Joseph M. Luyten (1941–2006)
>
> Doutor pela USP em Ciências da Comunicação, Joseph Luyten foi um dos principais pesquisadores e estudiosos da literatura de cordel na segunda metade do século XX. Lecionou em diversas universidades, dentre as quais a Universidade de São Paulo, a Universidade de Tsukuba (Japão) e a Universidade de Poitiers (França), onde participou da idealização do Centro Raymond Cantel de Literatura Popular Brasileira. Autor de diversos livros e dezenas de artigos sobre literatura de cordel, reuniu uma coleção de mais de 15 mil folhetos e catalogou cerca de 5 mil itens bibliográficos sobre o assunto.
>
> Joseph Luyten idealizou a Coleção Biblioteca de Cordel e a coordenou entre os anos de 2000 e 2006, período em que publicamos 22 volumes. Os editores consignam aqui publicamente sua gratidão.

Sumário

Introdução 9

Depoimento de Waldemar Valente, 27
Entrevista de Sofia Cavalcanti de Athayde 47

Como Lampião entrou na cidade de Juazeiro acompanhado de cinqüenta cangaceiros e como ofereceu os seus serviços à legalidade contra os revoltosos 79
A sorte de uma meretriz 93
A chegada de João Pessoa no céu 105
A moça que foi enterrada viva 123
As quatro classes corajosas: vaqueiro, agricultor, soldado e pescador 139
Discussão de José Duda com João Athayde 157
Em homenagem às mulheres 179
O retirante 193

Bibliografia 208

Introdução

Nascimento

Filho de Belchior Martins de Lima e de dona Antônia Lima de Athayde, nasceu no dia 23 de junho de 1877, na então vila Cachoeira de Cebola, hoje denominada Itaituba, no município de Ingá, na Paraíba, o menino que na pia batismal recebeu o nome de João Martins de Athayde, e que no dizer de Waldemar Valente, "é o príncipe dos poetas populares do Norte do Brasil"[1].

A data de seu nascimento envolve muitas controvérsias. Átila Augusto F. de Almeida e José Alves Sobrinho, no *Dicionário bio-bibliográfico de repentistas e poetas de bancada*[2], mencionam o ano de 1880 como o do seu nascimento.

O poeta popular baiano Minelvino Francisco Silva, por sua vez, registra em *Vida, profissão e morte de João Martins de Athayde*[3]:

> A 24 de junho 1880
> João Athayde nasceu
> No estado da Paraíba
> Onde era o berço seu,
> Cachoeira de Cebola
> Conforme Deus concedeu

---

[1] Waldemar Valente, "João Martins de Athayde: um depoimento", *Revista Pernambucana de Folclore*, Recife, maio/agosto 1976.
[2] Átila Augusto F. de Almeida & José Alves Sobrinho, *Dicionário bio-bibliográfico de repentistas e poetas de bancada*. João Pessoa, Editora Universitária, 1978, p. 71.
[3] Silva, Minelvino Francisco. *Vida, profissão e morte de João Martins de Athayde*. Salvador: Fundação Cultural do Estado da Bahia, s.d., p. 1.

registrando o dia 24 de junho de 1880 como a data natalícia do vate paraibano.

Cavalcanti Proença, um dos *experts* em literatura de cordel, no seu *Literatura popular em versos*[4], que organizou para a Fundação Casa Rui Barbosa, também registra o nascimento do poeta no ano de 1880.

Acontece que, por ocasião da missa celebrada em sufrágio de sua alma, a família de João Martins de Athayde fez distribuir entre os presentes o clássico *santinho*, no qual se encontra registrada a data de 23 de junho de 1877 como a de seu nascimento.

Acredito que ninguém pode precisar com mais acerto a data em que nasceu um de seus entes queridos do que sua própria família. É esta a razão pela qual adotei como data de nascimento de João Martins de Athayde o dia 23 de junho de 1877.

Mas a controvérsia não terminou ainda.

Numa entrevista concedida ao jornalista Paulo Pedrosa, do *Diário de Pernambuco*[5], o poeta afirmou haver nascido no dia 23 de junho de 1880.

Fui informado de que o folclorista Liedo Maranhão tem uma fita gravada na qual o poeta afirma haver nascido em 1878.

A verdade é que naquele tempo ainda não se promulgara a lei que estatuía a obrigatoriedade do registro civil em cartório próprio.

Talvez nem mesmo o próprio poeta soubesse, com exatidão, a data em que nasceu.

Mas, em 1877, 1878 ou 1880, no dia 23 ou 24 de junho,

---

[4] Proença, Cavalcanti. *Literatura popular em verso*. Rio de Janeiro, Fundação Casa de Rui Barbosa, 1964, p. 569.
[5] Pedrosa, Paulo. "Cangaceiros e Valentões". *Diário de Pernambuco*, Recife, 16 jan. 1944.

João Martins de Athayde nasceu e foi um dos maiores e mais queridos poetas populares do Nordeste.

Vida

A cidade de Ingá, nome indígena que significa "cheio d'água", situada em plena zona da caatinga, a 85 quilômetros em linha reta de João Pessoa, Paraíba, de clima quente e seco, e temperatura entre 22 e 34° C, foi habitada inicialmente pelo português Manuel da Costa Travassos, que obtivera permissão, em tempos remotos, para explorar aquelas terras. Ali fixou residência, erigiu uma capela sob a invocação de Nossa Senhora da Conceição, dedicando-se à criação de gado e à agricultura, registra Coriolano de Medeiros em seu *Dicionário corográfico do estado da Paraíba*.

Em torno da igrejinha a povoação foi crescendo até que passou à categoria de vila, com o nome de Vila do Imperador.

Outros historiadores acham que nos meados do século XVII já ali residiam, em suas fazendas de criação, Francisco de Arruda Câmara, Gaspar Correia e Cosma Tavares Leitão, viúva do sertanista Teodósio de Oliveira Ledo.

Em 1864, a Vila do Imperador, pela Lei Provincial n° 3, teve seu nome substituído pelo de Ingá, que conserva até hoje.

Em virtude de seu desenvolvimento, a Vila de Ingá foi elevada à categoria de município, formado pelos distritos de Ingá (sede do município), Riachão do Bacamarte, Serra Redonda e Cachoeira de Cebola. Este foi o mundo onde o poeta João Martins de Athayde nasceu, viveu sua infância e parte de sua adolescência.

O velho Belchior Martins de Luna era um pequeno agricultor e tirava da terra o sustento de sua família, composta pela mulher e três filhos.

Com a morte da esposa, o velho Belchior casou pela segunda vez e seus filhos não tiveram sorte com a madrasta, que judiava dos enteados a ponto de deixá-los quase nus e em geral mal alimentados. Sem que o pai soubesse, cada menino recebia da madrasta apenas uma xícara de farinha de mandioca, sem um pedacinho de carne sequer.

Um dia, quando o menino João Martins de Athayde voltava do roçado, desmaiou de fome, no caminho, onde foi encontrado por conhecidos de seu pai que ajudaram a trazê-lo para casa.

Mesmo sem freqüentar a escola, o poeta andava com uma carta de ABC no chapéu, pois seu maior sonho era aprender a ler e a escrever. E tanto era assim, que ele saía perguntando as letras às pessoas e, como não tinha caderno nem lápis, escrevia no chão, com o dedo.

Não se sabe se ele fugiu de casa ou se teve o consentimento do pai para vir tentar a vida no Recife, onde tinha um parente ou conhecido que era pequeno comerciante. No Recife, trabalhou no comércio e, dizem, até em fábrica não sei de quê.

Sabendo ler e escrever, já *taludinho*, João Martins de Athayde começou a escrever seus primeiros versos e imprimir seus primeiros folhetos, que vendia nas feiras e nos mercados do Recife.

Com o dinheiro da venda dos folhetos e com o que ganhava nos empregos, conseguiu comprar uma pequena impressora manual, uma guilhotina para cortar o papel dos folhetos, alugar uma casa, contratar vários empregados, de vez que a procura de seus folhetos era tão grande e ele procurava atender à freguesia e aos seus agentes-vendedores em diversas cidades do Nordeste.

Estava, assim, feito o poeta popular João Martins de

Athayde, que, com o apurado dos folhetos que escrevia, comprou a casa onde morava e uma máquina melhor.

Sua fama de poeta popular corria solta pelas feiras e pelos mercados do Nordeste.

Depois de cada dia de trabalho que, às vezes, se prolongava até a madrugada, ele tinha uma grande paixão que era o cinema. Vez por outra gostava de assistir aos filmes exibidos no Glória e no Ideal, cinemas existentes naquela época, no Pátio do Mercado São José e no Pátio do Terço, do Recife.

Interessante é o fato de o poeta, pelo que me consta, nunca haver escrito um folheto baseado em algum filme. Pode ser até que tenha usado na capa de alguns folhetos fotografias de artistas famosos da época.

Morava na Paraíba (nome também dado, antigamente, à cidade de João Pessoa) uma moça muito bonita chamada Sofia Cavalcanti, filha da viúva dona Luísa. Sua irmã, casada, morava no Recife e tanto fez que trouxe sua mãe e Sofia para tentarem a vida lá, que era uma cidade maior, com mais possibilidades de se encontrar trabalho. Uma conhecida delas, chamada dona Ritinha, falou com dona Luísa: "Luísa, você consente que eu leve Sofia para trabalhar numa casa que eu conheço há muito tempo?"

Dona Luísa, depois de muito relutar, deu seu consentimento. E a mocinha Sofia foi apresentada, então, ao poeta João Martins de Athayde, que não somente lhe deu a vaga na gráfica, como também ficou apaixonado por sua beleza.

E a partir de 1923, Sofia passou a trabalhar na gráfica do poeta, que, vendendo folhetos, conseguiu comprar duas ou três casas e adquirir várias máquinas. O poeta ficou de olho na mocinha Sofia, até que um dia com ela se casou, passando a morar num segundo andar. Como o poeta era muito ciumento, ela passou vinte anos assim, enclausurada, sem quase sair de casa, sem conversar com ninguém. Se uma outra mulher chegasse na casa do poeta pra falar com dona Sofia, ele perguntava logo se havia trazido algum bilhete para ela, tamanho era o ciúme dele.

Dos filhos do primeiro casamento e de como era a vida do poeta que passava noites em claro, ora escrevendo seus folhetos, ora imprimindo-os, e outras informações mais detalhadas sobre sua vida poderão ser encontradas na entrevista de dona Sofia Cavalcanti de Athayde, sua viúva, realizada durante o ciclo de estudos promovido pela Fundação Joaquim Nabuco, por ocasião das comemorações do centenário do nascimento do poeta, em 1980.

Vejamos, agora, como um outro poeta popular, Minelvino Francisco da Silva, conta a vida do grande poeta nordestino no seu folheto *Vida, profissão e morte de João Martins de Athayde*, com o qual ganhou o Prêmio de Literatura de Cordel, instituído pela Fundação Cultural do Estado da Bahia:

Vida, profissão e morte de João Martins de Athayde

Como humilde trovador
Do estado da Bahia,
Vou falar de um personagem
Que muita gente aprecia,
João Martins de Athayde —
Um Gênio da Poesia

A 24 de junho 1880
João Athayde nasceu
No estado da Paraíba
Onde era o berço seu,
Cachoeira de Cebola
Conforme Deus concedeu

Crescendo João Athayde
Lá pelo alto sertão
Se dispôs a trabalhar
A fim de ganhar o pão,
Enfrentou diversas artes
Porém não fez profissão

Depois de muito lutar
Trabalhando noite e dia,
Em fábrica como operário,
Sem a menor garantia
Achou que devia explorar
A Arte da Poesia

Fez da caneta uma enxada
E a roça da inspiração,
Da poesia popular
Fez a sua plantação,
No campo fértil das Letras
De sua imaginação

Mudou-se para Pernambuco
Em Recife se firmou
Escrevendo seus livrinhos
Por todo canto espalhou
Aí financeiramente
Bastante se melhorou

Leandro Gomes de Barros
Um trovador de cartaz
Viajou pra eternidade
Para voltar nunca mais,
João comprou da viúva
Seus direitos autorais

Seiscentos mil réis por tudo
Essa viúva cobrou,
Athayde achando caro
Mas mesmo assim concordou
Recebendo o documento
Esta quantia entregou

E daí continuou
Publicar pra mais de mil
Romances de todo assunto
Pra militar e civil
E tornou-se conhecido
Em todo o nosso Brasil

O nome apresentava
No livro como editor,
A maior parte do povo
Não conhecendo o autor
Dizia — João Athayde
É o maior trovador!

Tempos e tempos depois
João Martins se desgostou,
No assunto de família
Um soneto publicou
Que o mesmo tinha o título:
Estrela que se apagou

O assunto do soneto
Se mostrava apaixonado
Dizia que neste mundo
Tornou-se um pobre coitado,
Por não casar com a primeira
Mulher que ele foi amado

Seja por sim ou por não
Ninguém sabe o que se deu,
O certo é que Athayde
Com a arte esmoreceu,
Seus direitos autorais
A Zé Bernardo vendeu

Por vinte contos de réis
Vendeu naquele momento
Seus direitos autorais
Com todo contentamento,
Recebeu o apurado
E assinou o documento

No Ano 55
Na capital da Bahia
No Congresso dos Poetas
Tivemos a primazia
De ver Martins de Athayde
Dar-nos bastante alegria

Nosso Congresso queria
Trazer ele de avião
Mostrando sua humildade
Respondeu logo que não,
Que de ônibus para ele
Dava mais satisfação

No dia 1º de julho
João Athayde chegou
Lá na rua Carlos Gomes
Que o Congresso realizou
Houve uma salva de palmas
No salão quando ele entrou

Todo povo reunido
Quando entrou o trovador
João Martins de Athayde
Homem de grande valor
Renderam logo homenagem
Chamando-o de professor

Um dizia: Professor
Com seus livros aprendi
Professor — dizia outro,
É prazer vos ver aqui
— Meu professor, vos saúdo
Outro falava dali

Aí eu cheguei na hora
Como humilde trovador
Abracei ele, dizendo:
Parabéns meu professor,
Por todas as suas obras
De grandioso valor

Graças a Deus com seus versos
Eu também aprendi a ler
Porque um livro escolar
Eu não podia obter,
Meu pai não podia comprar
Para eu ir aprender

Eu comprei um ABC
Quando aprendi soletrar
Os seus livrinhos versados
Comecei logo estudar,
Eu fui lendo e fui gostando
Comecei me desasnar

Fui assim continuando
Com grande satisfação
Lendo o livro *Zé Pretinho,*
Uma festa no sertão,
A imperatriz Porcina,
Juvenal com o dragão

Aí eu adquiri
Um pouquinho de saber
Que meus livros de histórias
Eu também dei pra escrever
Tornei-me profissional
Não tenho tempo a perder

Usando da minha máquina
Bati uma fotografia
De João Martins de Athayde
Um Gênio da Poesia
Pra ficar como lembrança
No estado da Bahia

Terminou nosso Congresso
João Athayde voltou
Com seu filho a Pernambuco
Com poucas horas chegou,
Daí pra cá eu não sei
O que foi que se passou

Tempos depois em Brasília
Encontrei um sobrinho seu,
João Athayde Sobrinho
Me contou o que se deu,
No ano 59
João Athayde morreu

No estado de Pernambuco
Em Limoeiro — a cidade
João Martins de Athayde
Foi pra Terra da Verdade
A todos os seus colegas
Deixando muita saudade

Eu imploro a Jesus Cristo
Filho da Virgem Pura
Que perdoe todas as culpas
Dessa pobre criatura
Que passou a sua vida
Só espalhando a cultura

Ó Deus de misericórdia
Ouça a minha oração
Vós sois o Deus de Isac
De Jacó e de Abraão
Aceite João Athayde
Em vossa Santa Mansão

Essa mesma petição
Eu faço à Virgem Maria
Que rogue ao seu bento filho
Por sua sabedoria
Que perdoe todos os pecados
De quem semeia a poesia

O poeta João Martins de Athayde faleceu às seis horas do dia 7 de agosto de 1959, na cidade de Limoeiro, Pernambuco, vítima de uma embolia cerebral, deixando a viúva Sofia Cavalcanti de Athayde e oito filhos: Josefa Augusta de Athayde Dornelas, João Martins de Athayde Filho, Manoel Cristiano de Athayde, Maria José de Athayde, Ceci de Athayde Montenegro, João Oliveira de Athayde, Fernando Oliveira de Athayde, Carlos Oliveira de Athayde e Marcus Vinícius de Athayde.

Obra

Ninguém sabe, com absoluta certeza, quantos folhetos foram escritos e publicados por João Martins de Athayde. Sua gráfica, trabalhando a todo vapor, quase que semanalmente lançava um título novo ou mais uma edição/impressão de um folheto que, na época, estivesse fazendo sucesso. As encomendas recebidas de seus agentes-vendedores espalhados por todo o Nordeste chegavam quase todos os dias, e ele procurava entregar, imprimindo durante as madrugadas.

Consegui inventariar os seguintes folhetos do poeta: *Amor de perdição, A vitória da revolução brasileira, O triste fim de um orgulhoso, Os últimos dias da humanidade ou O fim do mundo, Uma viagem ao céu, A vida de Nascimento Grande, Amor de pirata, O amor de um estudante ou O poder da inteligência, A filha do boiadeiro, O fim do mundo, A morte de Lampião, A órfã abandonada, A nobreza de um ladrão, História da imperatriz Porcina, História de José do Egito, Peleja de João Athayde com Raimundo Pelado, O Jeca na praça, Juvenal e o dragão, A lamentável morte de padre Cícero Romão Batista* — o patriarca do Juazeiro, *Lampião em Vila Bela, As proezas de Lampião, Sacco e Vanzetti aos olhos do mundo, Uma noite de amor, A paixão de Madalena, A sorte de uma meretriz, Proezas de João Grilo, O lobo do oceano, História de Natanael e Cecília, A rainha que saiu do mar, O retirante, Romance do escravo grego, O Recife novo, O prisioneiro do castelo da rocha negra, Proezas de Lampião na cidade de Cajazeiras, A garça encantada, Romance do príncipe que veio ao mundo sem ter nascido, Rachel e a fera encantada, O segredo da princesa, Discussão de um crioulo com um padre, História de um pescador, O lobo do oceano, A menina perdida, O monstro do Rio Negro, O romance de um sentenciado, Um amor impossível, A dama das camélias, História de Paulo e Maria, O dia de juízo, Discussão de José Duda com João Athayde, A grande surra que levou Cordeiro Manso de João Athayde por desafiá-lo, A chegada de Lampião e Maria Bonita a Maceió e Corisco vingando o chefe, Meia noite no cabaré, O toureiro de Umbuzeiro* ou *O curandeiro misterioso, O namoro de um cego com uma melindrosa da atualidade, A princesa sem coração, A grande batalha no reino da bicharia, O homem do pulso de ferro, A vida e os novos sermões do padre Cícero, Peleja de João Athayde com José Ferreira Lima, A pérola sagrada, O primeiro debate de Patrício com Inácio da Catingueira, Mabel ou Lágrimas de mãe, O poder oculto da mulher bonita, João Batista Lusitano desmascarado na sua mentirosa profecia do ano de 17, História de Roberto do Diabo, História de um homem que teve uma questão com Santo Antônio, O prêmio do sacrifício ou Os sofrimentos de Lindóia, Peleja de Ventania com Pedra Azul, Quatro poetas glosados: Ugulino, Romano, Nogueira e o velho Mufumbão, Peleja de Serrador e Carneiro, O homem que nasceu para não ter nada, Martelo de José Duda e Joaquim Francisco em Itabaiana, Germano e Mufumbão, Peleja de Laurindo Gato com Marcelino Cobra Verde, História da princesa Elisa, Peleja de Bernardo Nogueira com Preto Limão, História da moça que foi enterrada viva ou a infeliz Sofia, Peleja de Manoel Raymundo com Manoel Campina, História de Dimas — o bom ladrão, A guerra dos animais, Peleja de Antônio Machado com Manoel Gavião, Peleja de Patrício com Inácio da Catingueira, O prêmio da inocência, A infelicidade de dois amantes, História do valente Vilela, O efeito da passagem do eclipse total do Sol e o alarme dos que não tinham visto o fenômeno, Discussão de João Athayde com Leandro Gomes, Alzira — a morta viva, O casamento do bode com a raposa, História de um rico avarento, Fugida da princesa Beatriz com o conde Pierre, História da escrava Guiomar, História de Joãozinho e Mariquinha, Décimas amorosas, O bataclan moderno, A filha do bandoleiro, O casamento do calango, História de*

Balduíno e o estudante que se vendeu ao diabo, História do menino da floresta, As felicidades que oferece o casamento, O balcão do destino ou a menina da ilha, A filha das selvas, O azar na casa do funileiro, A desventura de um analfabeto ou o homem que nunca aprendeu a ler, Em homenagem às mulheres, O fantasma do castelo, A condessinha roubada, Discussão de João Athayde com João de Lima, A fada e o guerreiro, Discussão de João Athayde com Mota Júnior, Discussão de um operário com um doutor, Doutor Caganeira, A entrada de padre Cícero no céu vista por uma donzela de 13 anos, Uma festa no sertão e História do negrão André Cascadura.

Como se vê, João Martins de Athayde não era um poeta cuja temática fosse o sobrenatural, apesar de alguns de seus folhetos enfocarem o céu, padre Cícero, o Diabo ou o inferno. Não era, também, o poeta do circunstancial, de fazer um jornalismo paralelo, como José Costa Leite, o poeta-repórter. Era, sim, um poeta voltado para o amor, para a aventura, para o grotesco, para o mundo da imaginação.

Mas seus folhetos, no que se refere à autoria, geraram dúvidas com a venda que o poeta fez aos herdeiros de José Bernardo da Silva dos direitos autorais dos seus folhetos, que passaram a trazer impressos na capa, como também na primeira página, os dizeres: "JOÃO MARTINS DE ATHAYDE. Proprietárias: Filhas de José Bernardo da Silva".

Entendem alguns estudiosos que José Bernardo da Silva tenha assumido, com a compra feita, a autoria dos folhetos.

Sobre a autoria dos folhetos de José Bernardo da Silva ou de João Martins de Athayde, acreditamos que ela só poderia ser elucidada se fosse feito, a cargo de lingüistas e outros especialistas no assunto, um sério estudo do vocabulário, dos temas de predileção, das rimas e outros recursos técnicos que fogem ao meu conhecimento.

Na realidade, a obra de João Martins de Athayde, como poeta popular, é uma das mais significativas e ricas do Nordeste.

Depoimento de Waldemar Valente[6]

1. Minha aproximação com Athayde

Em 1933, eu e Pelópidas Galvão fundamos um curso para candidatos ao Art. 100, que corresponde hoje ao chamado Curso Supletivo.

O Curso desenvolveu-se rapidamente, em 1934, na Praça da Soledade, promovendo-se a Colégio Equiparado, com o nome de Ateneu Pernambucano. Gozou o Ateneu de grande prestígio, pelo idôneo professorado de que dispunha, pela seriedade com que conduzia o ensino e pelos resultados obtidos nos exames realizados em colégios especialmente os credenciados pelo Ministério de Educação, como o Salesiano e o Oswaldo Cruz.

Seu corpo discente contava com dois jovens que só mais tarde vim a saber que eram filhos de João Martins de Athayde, o poeta popular cuja celebridade se estendia do sul da Bahia até o Amazonas. De modo particular, no Nordeste, onde era considerado seu grande trovador.

Conhecia-o de nome, através de seus inúmeros folhetos, que formavam rica literatura poética de cordel. Seus poemas, uns, verdadeiros romances, outros, autênticas canções de gesta, mais os que cantavam a vida difícil do sertanejo, além de outros gêneros, entre os quais se incluíam os chamados versos circunstanciais, à maneira de jornal, relatando os acontecimentos do momento, fizeram o encantamento de meu tempo de menino e de adolescente.

[6] Waldemar Valente, "João Martins de Athayde: um depoimento", *Revista Pernambucana de Folclore*, Recife, maio/agosto 1976.

Athayde tornou-se, sem exagero, um verdadeiro ídolo popular. Não apenas da gente pobre e humilde, semi-alfabetizada e mesmo analfabeta, do interior — Zona da Mata, principalmente —, mas da gente remediada e rica das zonas urbanas e até capitais e cidades importantes, entre elas Salvador, Recife, Fortaleza, Caruaru, Campina Grande e Garanhuns.

Entre seus leitores mais entusiastas, estavam meninos, adolescentes e até adultos. Gente branca e gente de cor. A plebe iletrada e a elite intelectual, incluindo estudiosos de nosso folclore. De modo especial, os que se interessavam pela literatura de cordel.

Havia pessoas que sabiam de cor os poemas do grande vate popular nordestino.

Esperava-se com ansiedade um novo folheto de Athayde. Sobretudo, quando eventos sensacionais ocorriam, como grandes incêndios, catastróficas enchentes, crimes marcados pelos requintes de perversidade, morte súbita, por doença natural ou por assassinato, de figuras conhecidas no mundo político, social ou econômico, ou ainda espetaculares proezas de cangaceiros célebres, como Antônio Silvino ou Lampião.

No Recife, os gêneros eram discutidos, entre os aficionados, no Pátio do Mercado de São José, que ficava perto da casa de João Martins de Athayde — o poeta morava na rua do Nogueira, 167, às vezes ainda chamada pelo antigo nome de rua dos Pescadores — os *camelots,* fazendo a propaganda da literatura de cordel, a declamarem como se estivessem vivendo, em entusiasmo cênico, os próprios personagens.

Os dois alunos — que depois se diplomaram em Odontologia —, sabendo do meu interesse em conhecer o pai, por quem tinham justo orgulho, combinaram encontro na casa da Rua do Nogueira, em São José. O velho casarão de dois pavimentos superiores, onde se alojava a família de muitos filhos, comportava também no térreo a oficina gráfica de tipo artesanal, na qual Athayde escrevia seus poemas, compunha-os em tipos manuais, imprimia-os em obsoleta máquina, costurava os cadernos e colocava as capas — sempre ilustradas com xilogravuras de bichos, de valentes em luta, de cenas românticas, de figuras envolvidas em algum acontecimento importante, de cantadores em desafio, ou fotos de artistas de fitas de cinema, em cenas de amor.

Num domingo de junho de 1934, às quatro horas da tarde, fui visitar Athayde. Para mim — rapaz de vinte e poucos anos, ainda constante leitor do aedo matuto, embora carregado de responsabilidades, como professor e diretor de colégio — parecia quase um sonho ver aquela figura tão comentada, tão popular, um tanto lendária, em carne e osso, ao vivo, que me recebeu com certa discrição que, de logo, me pôs em dúvida, sem saber se refletia inibição do homem humilde que era, ou respeito ao jovem, que julgava importante pelas funções que exercia.

Apesar de sua longa permanência no Recife, não perdera Athayde as marcas características do sertanejo de Ingá do Bacamarte. Entroncado, robusto, tipo fisicamente ajustado aos brevilíneos moderados de Viola e Pende, rosto largo, de tez crestada pelo sol da praça do Mercado de São José, na qual, nas horas de lazer, às tardes dos sábados e aos domingos pela manhã, permanecia horas em conversa com amigos — cabelos escassos, repartidos de lado, bigode que se popularizaria mais tarde quando Hitler, o famigerado chefe nazista, passou a usá-lo, caminhando compassadamente, com o pé direito se voltando para dentro, à maneira do andar do papagaio, falando pouco, meio rude nas suas respostas, sempre revelando a verdade, que para ele tinha que ser dita com franqueza, sem arrodeios, nem meios-termos. Estas são algumas das particularidades, não só físicas, também um pouco psicológicas do veterano cantador nordestino. Nela transparecia, de certa forma, a correspondência psicossomática kretschmeriana: fisicamente pícnico, psicologicamente ciclotímico, sua personalidade oscilando entre o retraimento e a extroversão.

No nosso primeiro encontro, Athayde se espantou com a minha mocidade. Julgava-me homem velho ou madurão, em face da função que exercia de diretor de um dos colégios mais conceituados do Recife.

Conversamos muito sobre poesia popular, seus gêneros, motivos e temas, em particular, e sobre folclore de modo geral, fixando este momento o início de uma grande, sincera e respeitosa amizade, que haveria de durar muitos anos.

2. Athayde não gostava de entrevistas com repórteres

Nos começos, observei que o grande trovador era reservado nas conversas, medindo as palavras, mostrando-se mesmo desconfiado. Receava que levasse para os jornais informações deformadas a seu respeito. Tal desconfiança resultava de uma entrevista que concedera a certo repórter que, entre outras coisas, dissera no seu jornal que Athayde era violeiro, cantador de pé de viola e ambulante. Cioso de sua reputação de poeta popular ou trovador, ficava magoado e até zangado quando se dizia que era tocador de viola. Não que o violeiro, o tocador de viola, em si, fosse desprezível. Mas porque associava à tal ocupação o hábito da embriaguês, a vida de bebedor de cachaça, a do malandro que perambulava sem pouso certo.

Athayde considerava o vício da embriaguês incompatível com a dignidade humana.

Muitos foram os jornalistas que, tentando arrancar-lhe entrevistas, voltaram frustrados, sem nada conseguir.

Comigo, no correr do tempo, em encontros quase diários, foi-se abrindo João Martins de Athayde, a confiança que em mim depositava crescendo, chegando mesmo a se desdobrar em informações minuciosas sobre sua vida, estendendo-se até em confidências. Depois de algum tempo, não tinha mais reservas, nem segredos. Sobre Athayde escrevi, de 1935 a 1938, vários artigos no *Diário da Manhã*, *Diário de Pernambuco* e *Jornal do Commercio* (*sic*).

O primeiro artigo, publicado em 1935, no *Jornal do Commercio*, intitulado *Uma página do folclore pernambucano*, utilizava informações, de boa vontade, a mim concedidas. Neste trabalho, considero o grande vate de Ingá como uma página viva e aberta do nosso folclore. Os demais são pequenos artigos, contendo comentários, análises e interpretações de poemas que considerava mais importantes.

Na oficina da rua do Nogueira, dispondo de um só ajudante, praticamente tudo era feito por ele. Desde a criação poética, o artesanato dos versos e das estrofes, à composição gráfica — outro tipo de artesanato — e ao estocamento dos folhetos. Era dono da oficina e dirigente comercial da folhetaria matriz, de onde se espalhavam suas trovas impressas por todos os recantos do Norte e Nordeste brasileiros. Acordava às cinco horas, estando às seis em plena atividade. Só parava às dez da noite, a não ser em curtos intervalos, para almoçar — o que fazia na própria oficina — e para jantar, às dezenove horas. Era homem alfabetizado e lido em diversos assuntos e especialidades. Conhecia Castro Alves, Casimiro de Abreu e Gonçalves Dias. Dominava a nomenclatura geográfica, conhecia os nomes populares de animais e plantas, sem desprezar a colaboração que a mitologia e a história poderiam dar à poesia. Não lhe faltava também o conhecimento de romances famosos na literatura universal, sobretudo os que representavam os costumes e proezas dos heróis lendários e figuras famosas da Idade Média.

Entre seus poemas, devia constar um que, infelizmente, foi levado de permeio com todo o acervo da sua folhetaria num equívoco da polícia, ao tempo do Estado Forte. Refiro-me ao poema o *Bezerro sagrado*, tema sugerido por mim e relacionado com o episódio do bezerro de raça que padre Cícero recebera de presente, com muitas recomendações sobre sua alimentação. Daí os cuidados de padre Cícero de entregá-lo ao beato Lourenço, homem de sua confiança, para dar-lhe de comer, lembrando com insistência que o levasse para uma várzea distante, onde existia capim da melhor espécie. Acontece que o beato, num dia em que não estava muito disposto, resolveu fazer o bezerro pastar numa várzea próxima, de capim de péssima qualidade. Por coincidência, o bezerro, num gesto instintivo, balançou a cabeça. O beato Lourenço, no seu fanatismo impenitente, entendeu que o animal estava recusando o pasto. Ajoelhou-se aos seus pés, pedindo-lhe perdão. De volta, confessou ao padre Cícero o seu pecado. Toda a cidade de Juazeiro do Norte e outras da redondeza tomaram conhecimento do fato. O bezerro passou a ser adorado, à maneira de um novo boi Ápis egípcio. Um verdadeiro culto se formou em torno do animal. Floro Bartolomeu, deputado influente na região e amigo do taumaturgo de Juazeiro, convenceu-o de que seria necessário matar o animal para acabar com aquelas cenas deprimentes para uma cidade que se considerava civilizada. A dificuldade era grande. Como se poderia efetivar a matança do bezerro sem que o povo soubesse? Afinal, de madrugada, sacrificaram o animal. De manhã cedinho a população inteira soube do acontecimento. Houve choro e lamentações. E um início de revolta. Mas ninguém sabia quem era o responsável.

O animal foi retalhado em pedacinhos, que serviram de relíquias, não ficando ninguém sem a sua.

Baseado nesse episódio Athayde elaborou um de seus melhores poemas, lamentavelmente desaparecido, ainda em originais manuscritos, por ocasião da apreensão do material existente na tipografia.

Vale a pena recordar o que deu motivo a tal ação da polícia. O episódio terminou em gargalhadas, em plena Delegacia de Costumes, com a presença de alguns delegados e de vários funcionários civis e militares.

Certo dia, chego à casa de Athayde, à sua oficina de trabalho, tendo logo notícia de que o grande poeta popular estava preso, na chefatura de polícia, na rua da Aurora. A família estava em pânico. Athayde fora incriminado de comunista. Fiquei perplexo. O poeta era profundamente religioso, católico, condenando os costumes que considerava nocivos à moral cristã. Era frontalmente contra o comunismo. Conhecia suas idéias e sabia que tudo não passava de um engano. Athayde não era comunista falando e muito menos escrevendo.

Fui ver o que havia de objetivo. Por sorte, o delegado de plantão, o dr. Santa Cruz, era meu amigo. Perguntei-lhe o que havia contra Athayde, recebendo a resposta de que escrevera um folheto comunista. Pedi que mandasse buscar o folheto. Era o que se intitulava *Discussão entre o comunista e o católico*. Eu o conhecia. Ninguém o lera. Todos se tinham impressionado pelo título. Pedi licença para lê-lo. Os versos diziam exatamente o contrário do que pensava a polícia. Era um libelo contra o comunismo. Todos acharam muita graça nos versos de Athayde, que deram ensejo a uma improvisada tertúlia. Reconhecendo o equívoco, o delegado manda tirá-lo do "buque", em que se encontrava, por crime que não cometera.

3. Façamos justiça a Athayde

De certo tempo para cá, sobretudo depois que Athayde deixou de viver, vejo repetir-se que o grande trovador nordestino assinou, como seus, vários dos melhores poemas do também famoso poeta popular paraibano Leandro Gomes de Barros, que viveu entre 1868 e 1918.

Ariano Suassuna, escritor paraibano do sertão de Taperoá, radicado no Recife, meu ilustre amigo, sem dúvida um dos grandes escritores brasileiros — autor do *Auto da Compadecida*, traduzido em várias línguas, e do *Romance d'a pedra do reino*, obra comparada, em sua grandeza heróica, em sua força de epopéia, ao *Dom Quixote de la Mancha*—, com a autoridade de seu nome, diz que "muitos dos romances atribuídos a João Martins de Athayde são de Leandro Gomes de Barros" (conforme *Galeria dos nossos — Leandro Gomes de Barros, Revista DECA*, Recife, ano IV, n° 5, 1962, pp. 5 ss.).

Mais adiante, prossegue o autor do *Romance d'a pedra do reino*: "A peleja de que tiramos as estrofes que se seguem é, provavelmente, apócrifa: deve ter sido escrita por encomenda de João Martins de Athayde, por algum dos muitos poetas que trabalhavam para ele".

A pecha de plagiário é jogada sobre Athayde. No entanto, nenhuma prova concreta é apresentada. Parece haver certa preocupação — talvez por ter sido Leandro realmente grande poeta popular e o primeiro folhetinista — em se atribuir a Athayde as melhores produções da poesia de cordel no Nordeste.

Com a morte de Leandro, ao que parece, o seu acervo poético foi adquirido por Athayde.

É certo que alguns de seus poemas foram por Athayde publicados. No entanto, vale a pena chamar a atenção para uma particularidade importante: quando Athayde publicava versos que não eram seus, não colocava o nome do autor, saindo apenas "Editor João Martins de Athayde". É claro que aqui se percebe o lado comercial. Leandro já estava esquecido. As novas gerações não o conheciam. O nome realmente conhecido era o de Athayde. Valia como um poderoso cartaz de propaganda. Daí sair o seu nome impressionando o povo que não se apercebia que ele era só o editor.

Desculpe-me Ariano Suassuna, a quem tanto estimo e admiro, mas tem sido injusto com Athayde que, para ele, nada deve ter produzido como poeta, enquanto, por outro lado, sem provas, admite a possibilidade de ser Leandro o autor de poemas anônimos.

Em 1964, no tomo I da *Literatura popular em verso — Antologia* (MEC, Fundação Casa de Rui Barbosa), insiste-se em considerar algumas produções assinadas por Athayde pertencentes a Leandro, e não se reconhece que alguns poemas que não são do trovador de Ingá trazem o nome de Athayde como editor e não autor. Entre tais poemas vale a pena citar: *Os martírios de Genoveva, História da imperatriz Porcina, A vida de Cancão de Fogo e seu testamento, Proezas de João Grilo.*

Em muitos textos que integram a *Antologia* existem expressões pouco convincentes, como "consta", "atribuímos" etc. A meu ver, tais expressões, que não são condizentes com a seriedade da crítica literária, deviam ser evitadas, sobretudo quando prejudicam a honestidade intelectual dos autores e não são acompanhadas de provas ou argumentos realmente significativos.

Teimo em dizer que conheci Athayde de perto, com ele convivendo durante muitos anos, sempre me sendo possível comprovar sua preocupação em ser honesto. Ele personificava a honradez, a honestidade e o amor-próprio característicos do sertanejo nordestino.

No meu modo de entender, devem os exegetas e comentadores da poesia de cordel se armar de argumentos objetivos, de provas concludentes dos plágios alegados; fatos e não apenas palavras. Do contrário, nada poderá ser levado a sério.

Por que não fazem referências às inúmeras poesias de Athayde? Poesias abrangendo vários ciclos. Dentre eles: o do sertanejo, o heróico, o circunstancial, o da crítica de costumes, o das pelejas e desafios, o das fábulas, o dos repentes à base de motes glosados?

A crítica torna-se parcial, não levando em conta a obra do poeta Athayde no seu conjunto, nos seus vários aspectos e, sobretudo, mostrando-se inconsistente pelo abuso dos "constas", com o poder maledicente dos boatos. Em seu tempo, escreveu com justiça Luís da Câmara Cascudo que foi Athayde "o maior poeta, mais tradicionalista do Nordeste brasileiro".

4. Fragmentos antológicos da poesia de Athayde

No ciclo dos sertanejos, vale a pena lembrar *Suspiros de um sertanejo,* que retrata a saudade que o poeta guardava do sertão longínquo, onde nasceu.

A estrofe que transcrevo reflete o estado de espírito do poeta, inspirado em tema que muito o sensibilizava:

> Minha alma triste suspira
> Em deslumbrante desejo,
> Eu choro por minha terra,
> Há tempos que não a vejo,
> São suspiros arrancados
> Do peito de um sertanejo

De *O retirante*, poema do mesmo ciclo, que é a história, contada em versos, dos penosos êxodos do sertanejo por ocasião das demoradas estiagens, quando já não era possível suportar a fome e a sede, estas estrofes marcam a triste hora da partida:

> É o diabo de luto,
> No ano que no sertão,
> Se finda o mês de janeiro
> E ninguém ouve trovão,
> O sertanejo não tira
> O olho do matulão

> E diz a mulher:
> Prepare o balaio,
> Amanhã eu saio
> Se o bom Deus quiser,
> Arrume o que houver

> Bote em um caixão
> Encoste o pilão
> Onde ele não caia
> Arremende a saia
> Bata o cabeção

No ciclo heróico, que inclui as façanhas, as qualidades requintadamente perversas, às vezes contrastando com virtudes e atos de fidalguia e bondade, a vida errante de dois cangaceiros famosos é realçada em seus principais episódios: Antônio Silvino e Virgulino Ferreira, conhecido pela alcunha de Lampião. Athayde foi contemporâneo de ambos.

Em o *Nascimento de Antônio Silvino* o poeta traça com linhas fortes, à maneira de autobiografia, retrato falado do terrível bandoleiro.

Duas estrofes servem de modelo:

> Diz minha mãe que eu nasci
> Num dia de quarta-feira,
> Quando foram dar-me banho,
> Foi visto pela parteira
> Que eu tinha em minha cintura,
> A marca da cartucheira

> Com quinze anos eu fui
> Cercado a primeira vez
> Vinha quatorze paisanos,
> Desses ainda matei seis
> De dez soldados que vinham,
> Apenas correram três

Falando pela boca do poeta, que imagina o que seria capaz de fazer o famoso bandoleiro, conta Silvino os inícios da vida de cangaço, em *Como Antônio Silvino fez o Diabo chocar*:

> Eu tive a vida tranqüila
> Como qualquer inocente,
> Pegaram-me a aperrear,
> Tornei-me assim imprudente,
> O boi manso aperreado
> Arremete certamente
>
> Confio em são Dorme Pouco,
> São Assustado é comigo,
> Amo a são Escondedor,
> Que me salva do perigo,
> São Pode Vir não me engana,
> São Seguro é muito antigo

A segunda metade do poema é toda uma fantasia do poeta. Nessa estrofe, após luta tremenda, Silvino prevê que chegou no inferno:

> Aí chegou o Diabo,
> Quando cheguei no portão,
> Me perguntou: Quem és tu
> O que é que tens na mão?
> Aí apontei-lhe o rifle
> E lhe mostrei o facão

Depois da discussão e algumas peripécias, diz o "Capitão de Trabuco", como o chamou Mário Souto Maior, folclorista e etnógrafo, em excelente ensaio:

O Diabo estremeceu,
A meus pés ajoelhou-se,
Pediu-me dez mil desculpas,
Depois disso confessou-se,
Tanto que outro diabo,
Gritou de fora: danou-se!

Orgulhoso de suas proezas, mesmo tendo levado a pior em uma escaramuça, Antônio Silvino se considerava temível:

Assim mesmo indo a lugar
Que eu passando tocam hino,
O preto pergunta ao branco,
Pergunta o homem ao menino:
Quem é aquele que passa?
E responde o povo em massa:
Não é Antônio Silvino

A propósito de Lampião, valente e sempre arrogante, no poema sobre o ataque a Mossoró, Athayde canta o que era bem próprio do cangaceiro:

O cangaceiro valente,
Nunca se rende a soldado,
Melhor é morrer de bala,
Com o corpo cravejado,
Do que render-se à prisão
Para descer do sertão,
Preso e desmoralizado

Em uma estrofe sobre Lampião, sobressai o seu orgulho de cangaceiro:

> Temos visto no sertão
> Toda a classe de assassino,
> Teve o tal Antônio Félix,
> Depois Antônio Silvino
> Porém tudo se esqueceu,
> Logo quando apareceu
> O *capitão* Virgulino

À maneira de gesta, Athayde exalta a invencibilidade do bandoleiro:

> Parece que Lampião
> É todo feito de aço
> A bala bate no couro,
> Ele não sente o cansaço
> Quando atira num soldado
> O pobre cai para o lado
> Ali só fica o cangaço

Nos *Projetos de Lampião*, o poeta de Ingá conta o que faria se chegasse a ser presidente da nação:

> Há muito tempo que luto,
> Com toda a perseguição,
> Já me chamam aqui em cima
> Governador do sertão,
> Porém agora vou ver
> Se breve poderei ser
> Presidente de nação

Talvez para humilhar o coronel Veremundo Soares, um dos poucos que não acoitavam Lampião, escreve Athayde adivinhando o pensamento do bandido:

A minha sede será
Na cidade de Salgueiro,
Vou construir um palácio
Com oito léguas de outeiro
Com espaçosos salões,
Pra fazer reuniões
Com meu ministério inteiro

Sabino seria seu ministro da guerra, em honra do seu valor militar e estratégico; Massilon, moço instruído, tomaria conta da pasta da educação.

Azulão ficaria com a agricultura, por ter sido proprietário no sertão.

João de Brito, velho estradeiro, ocuparia o lugar de ministro do exterior.

No gênero satírico, vale a pena lembrar *As promessas dos políticos*, sempre as mesmas, com raras exceções, em todas as épocas.

Entre as estrofes, convém destacar:

Esses homens da política,
Eu sei bem eles quem são,
Só conhecem o eleitor,
Na véspera da eleição,
Depois disso o eleitor
Não tem valor dum tostão

A esperança do pobre,
Quase toda é vice-versa,
O peixe cai pela isca,
O velho pela conversa,
A galinha pelo milho,
O pobre pela promessa

Aproxima-se a eleição,
Naquele dia marcado,
Depois que ele bota a chapa
Fica tudo transformado
Ele vota e o doutor
Nem lhe diz muito obrigado

Em *O chaleira de berço*, tema satirizando o bajulador, antigamente chamado de "chaleira", as seguintes estrofes são bem significativas:

O filho chaleira ao pai,
O empregado ao patrão,
Chaleira a ama à patroa,
O freguês ao vendelhão,
Precisa ser chaleirado,
Senão não vende fiado,
E o freguês não tem pão

Fala-se de um e de outro,
Faz um drama bem traçado,
Ouve acolá, conta ali
Aumenta mais um bocado,
Descobre mais uns segredos,
Como vê, muitos enredos.
Forma um brilhante apurado

Em *O bataclã moderno*, o veterano trovador também revela a sua categoria de crítico costumbrista. Aquilo que hoje é rotina no modo de se comportar e vestir da mulher, constituía para a moral, a seu ver, uma revolução arrojada e perigosa de nossos costumes. É o que se depreende da seguinte estrofe:

Mundo velho desgraçado,
Teu povo precisa um freio,
Para ver se assim melhora
Este costume tão feio,
De uma moça seminua
Andar mostrando na rua
O sovaco, a perna e o seio

As senhoritas de agora,
É certo o que o povo diz,
Não há vivente no mundo,
De sorte tão infeliz,
Vê-se uma mulher raspada,
Não se sabe se é casada,
Se é donzela ou meretriz

Dentro de sua linha de crítico dos costumes, Athayde tem quadras interessantes como esta:

A humanidade campeia
Nutrida por um consolo,
A mulher não quer ser feia
Nem o homem quer ser tolo

Continuando nesse gênero, o conhecido poeta popular do Nordeste, no poema *O imposto de honra*, dá uma idéia do conceito que se tinha de honra ao seu tempo.

Vale citar a seguinte estrofe:

Procurar honra hoje em dia,
É escolher sal na areia,

> Granito de pólvora em brasa,
> Inocência na cadeia,
> Água doce na maré,
> Escuro na lua cheia

Finalizando, não seria possível desprezar a força admirável de sua veia de glosador.

Para Pacífico Pacato Cordeiro Manso, trovador alagoano que lhe deu o mote *Ou quebra, ou papoca ou vem*, Athayde, de improviso, fez várias glosas. Entre elas:

> Poeta aqui perde a fama,
> Dá-lhe gafeira que entreva,
> Porque da surra que leva
> Passa três dias de cama,
> Dou mais um cristel de lama,
> Quem faz assim trata bem,
> Se me tratar com desdém
> Arranco o bofe, a moela,
> Agarro no nó da goela,
> Ou quebra, ou papoca, ou vem

Athayde não perdia oportunidade de mostrar seu talento de glosador repentista.

Certa vez, glosou, "em cima da bucha", o mote de seu cordial adversário:

> Quando faltar minha lira,
> Quando eu não souber glosar,
> Quando condor não voar,
> Quando ferro der embira,
> Quando Deus pregar mentira

Quando gelo der calor,
Quando escravo for senhor,
Quando na face da terra
Não houver monte, nem serra,
Cordeiro é bom glosador

Entrevista de Sofia Cavalcanti de Athayde[7]

Mário Souto Maior: Dando prosseguimento aos trabalhos deste ciclo de estudos, promovido em comemoração ao centenário do nascimento de João Martins de Athayde, temos a alegria e a satisfação da presença de dona Sofia Cavalcanti de Athayde, que foi a companheira do nosso poeta popular. É sabido que vários estudos já foram feitos com referência à obra de João Martins de Athayde. João Martins de Athayde começou a fazer os seus folhetos, a escrever, a imprimir e a distribuir seus folhetos há muito tempo e talvez não soubesse da importância que a literatura popular nordestina, a literatura de cordel, viria a ter algum dia. Por isso, sabe-se pouca coisa sobre sua vida, com referência a João Martins de Athayde gente, pessoa humana. Então, convidamos dona Sofia Cavalcanti de Athayde, sua esposa e companheira de longos anos, para nos informar, nos instruir, para trazer sua contribuição no que se refere à vida, aos hábitos do poeta João Martins de Athayde. Dona Sofia, nós estamos aqui, em família e a senhora é a pessoa capaz de nos dar essas informações de que tanto precisamos. A senhora vai responder às perguntas que nós vamos lhe fazer, uma conversa, não sabe? Então, gostaríamos de saber, de início, como foi que a senhora conheceu João Martins de Athayde?

---

[7] Entrevista de dona Sofia Cavalcanti de Athayde, viúva de João Martins de Athayde, por ocasião do Ciclo de Estudos, na Fundação Joaquim Nabuco, por ocasião da comemoração do centenário de seu nascimento.

Sofia Cavalcante de Athayde: Eu vim da Paraíba. Ele tinha uma oficina muito grande, com diversos empregados, moços que trabalhavam muito, na gráfica, que ficava perto...

MSM: Em que rua?

SCA: Ficava na rua do Rangel.

MSM: A senhora lembra o número? Não? Não tem importância. Na rua do Rangel.

SCA: Onde agora tem uma farmácia junto daquele prédio, onde nasceram dois filhos: o mais velho e o Fernando, que hoje é morto.

MSM: Então a senhora conheceu João Martins de Athayde na oficina. E por que o conheceu?

SCA: Eu vim da Paraíba com minha mãe e minha irmã, que estava casada aqui no Recife. Ela [a irmã], indo à Paraíba, disse: "Minha mãe, a senhora não pode continuar aqui sozinha, eu vou levar a senhora para Recife". Então, ela veio com nós. Como o senhor sabe, nós fomos criadas na Paraíba. Meu pai morreu muito cedo e minha mãe ficou viúva com nós, não tinha recursos para continuar pagando estudos para nós. Chegando aqui em Recife, tinha uma senhora por nome dona Ritinha que conhecia ele [o poeta] há muitos anos, desde garoto — ela hoje é morta. Então ela foi à minha mãe e disse: "Luísa, você consente em eu levar Sofia para trabalhar em uma casa que eu conheço há muito tempo?" Então minha mãe disse: "Dona Ritinha, eu não dou consentimento". "Mas eu garanto à senhora..." Eu chegando lá, ela me apresentou, ele olhou pra mim e disse: "Ah! Esta daqui me serve". Mas eu ouvi aquelas palavras, criada muito tola, como o senhor sabe — a mãe ficava com os filhos sem deixar sair com ninguém —, e aí eu não levei em conta. "Pois não, a vaga é dela, qualquer hora que ela vier trabalhar..."

MSM: E a senhora começou a trabalhar?

SCA: Comecei a trabalhar...

MSM: Isso em que ano mais ou menos?

SCA: Isso foi em 1923, mais ou menos por aí. Continuei a trabalhar e ele ficou de olho em mim.

Roberto C. Benjamim: Qual era o trabalho que as moças faziam lá na gráfica dele?

SCA: Muitas máquinas, tinha uma que ia como daqui lá, a virar dia e noite. Nesse tempo ele estava muito atrasado e usava as moças para dobrar os livros e cada uma fazia 200 ou 300, e tinha outra máquina que serrava pra botar grude e colar...

MSM: A capa. Colar a capa.

SCA: É. Eu entrei trabalhando nesse serviço. Primeiro dobrava assim e fazia o livro, depois ia pra colar, uma soprava e outra encadernava. Eu fiquei nesse trabalho da entrada da encadernação. Em continuação, ele foi à minha mãe e disse que não queria mais que eu continuasse ali, que queria casar comigo. A minha mãe não consentiu porque ele tinha já 40... ou era 58, ou 48... ou 52 anos. Minha mãe não consentiu. Mas ele disse que não, e que dava conta de mim e não quis mais que eu continuasse a trabalhar. Ele ia me levar e voltar sem eu saber que ele estava me acompanhando. Quando foi um dia, eu subi, que era um segundo andar. Ele tinha um morador. Aí o morador disse: "Mas essa menina é muito linda". Que de fato me chamavam *miss*, hoje eu não sou mais nada. [risos]

SCA: É, hoje não sou mais nada. É gente velha, não é?

MSM: Virou a cabeça do poeta...

SCA: Então ele, que vivia atrás de mim, disse: "Que foi que aquele inquilino falou com você?". E eu disse: "Nada, eu não ouvi".

MSM: Já era ciúme, não era?

SCA: Ele era tão ciumento, casou-se comigo e eu passei vinte anos num segundo andar e não descia pra ninguém conversar comigo. Era muito ciumento. Nem uma mulher conversava comigo. Se uma mulher chegasse a conversar comigo... [risos]

MSM: Vejam vocês!

SCA: Se uma mulher chegasse a conversar comigo, ele dizia...

MSM: Queria saber o que era...

SCA: ... "Cadê o bilhete?" Ela trouxe algum bilhete pra você?" Porque eu era muito bonita. E eu não estou me gabando, não.

MSM: Pois não!

SCA: Era sim. "Cadê o bilhete?!" Eu não falava nem com uma mulher sem ele deixar. Só as filhas dele, minhas enteadas. Bem, aí ele começou a me acompanhar, e eu sem saber. Ele me botava em casa, e no outro dia ele vinha me buscar sem eu saber. Pra ele ver quem eu era. Ver meu sistema.

MSM: Costumes?

SCA: Então ele disse que nunca tinha encontrado uma pessoa que agradasse nos costumes. E dos meus ele se agradou. Falou a minha mãe no casamento e minha mãe disse que não dava. Porque minha mãe tinha pouco estudo, tinha um vocabulário que era logo dizer o que sentia. Ele disse que dava conta do recado. Casou-se comigo, primeiro no civil. Então esse padre Belchior Athayde, que eu não sei se o senhor conheceu...?

MSM: Ah! Padre Belchior! Conheci. Conheci muito! Muito!

SCA: Ele era sobrinho dele...

MSM: Morreu em Salvador faz oito anos? Ou dez anos?

SCA: Ele, indo lá em casa, disse: "Sofia, eu vou te fazer um pedido, tu me faz?". E eu disse: "O que é, Belchior?" "Eu queria que você casasse com o tio no padre". E eu disse: "Mas Belchior, eu já não me casei? Pra que mais casamento?" Ele aí disse: "Não. Mas com o meu tio, eu tenho o prazer de fazer seu casamento". E eu não ia negar. Aí me casei na igreja. Mas ele era assim, muito ciumento.

MSM: Muito ciumento...

SCA: Muito ciumento, mas muito, muito ciumento. E esse homem causou-me alguma mágoa, que a gente fica ressentida, né? Mas continuei com ele, firme, até ele morrer. Porque a própria filha dele, minha enteada, dizia a mim: "Eu não vivia com um homem desses nem um mês". Mas eu tinha meus filhos, tinha uma filha que tinha sido a primeira e já estava mocinha. Eu pensava: se fazia uma besteira, o que era da minha filha? Não tinha nome. "Quem é tua mãe?" Não era? E eu por esse motivo agüentei firme. A Ceci, que era dentista, muitas vezes me dizia: "Sofia, tu és uma sem vergonha em continuar com papai". Porque o ciúme dele era de matar. Ele tinha um filho com dez anos; não pôde continuar em casa. Quando esse menino fez onze anos, ele fez tudo e tirou ele de dentro de casa porque dizia que até o menino queria namorar comigo.

[Risos]

SCA: Era demais. O velho era demais!

MSM: Mas a senhora gostava dele, o que era bom, não era?

SCA: A gente tem os filhos, né?

MSM: Os filhos amarram a família, os laços...

SCA: Os filhos amarram a família.

MSM: Roberto Câmara Benjamim, seria interessante que se fizessem algumas perguntas com referência aos folhetos, à produção...

RCB: É, mas antes ainda eu queria falar a respeito disso. E essa severidade dele era também mantida em relação às filhas, ao pessoal de casa? Porque, nos folhetos, nos dá a impressão de ser uma pessoa assim... muito conservadora. Ele deixava as meninas usarem a roupa da moda, essas coisas?

SCA: Ah! Deixava nada! As filhas dele tinham um cabelo por aqui. Os vestidos, era tudo aqui, no gogó...

MSM: É, no gogó.... [Risos]

SCA: É. No gogó. E o meu nem se fala, o meu era arrastando. Não aparecia nem...

MSM: Em compensação não precisava varrer o chão... [Risos]

SCA: É, era. [Risos]

RCB: E com os namorados das meninas, como era o relacionamento dele?

SCA: Com os namorados das meninas, ele nem sabia. Era uma coisa tão oculta que não dava nem pra... Ele gostava muito de cinema. Ele tinha uma mania de toda noite ir ao cinema, sozinho.

MSM: Engraçado! Outro artista popular, o Bajado, gostava muito de cinema. E se inspirava no cinema. O Bajado de Olinda.

RCB: Ele fez algum poema baseado em alguma história do cinema?

SCA: Eu não me lembro. Acho que não. Mas ele tinha mania de não perder o cinema um dia.

MSM: Qual era o cinema?

SCA: Cinema Glória, Ideal, São José. A gente morava parede-meia naquela casa. Aquela casa era nossa. Mas era o Ideal, São José, o mais próximo dele. Mas o que ele mais freqüentava era o Ideal. Ele, quando saía, trancava a porta de baixo pra ninguém sair. Ele deixava tudo trancado.

MSM: Roberto, veja que coisa interessante: esse folheto dele aqui lembra essa declaração que ela está fazendo: *O poder oculto da mulher bonita*. Alguns folhetos que ele mandou encadernar, intitulados *Trovas*, o livro *Trovas populares* por João Martins de Athayde.

SCA: Mas tem um que se vê pela rua que diz: "É muito grave leitor,/ andar nas ruas agora,/ para se ver as mulheres/ como ninguém olha/ Parece até um castigo,/ veste o pé do umbigo/ botando tudo de fora./ O vento dá no vestido,/ bate no pé do pescoço/ A negrada vê aquilo,/ grita logo: Oh! Que colosso!/ Até os velhos caducos/ olha e diz quase malucos:/ Oh! Meu tempo de moço/..." [risos]

RCB: A senhora falou que ele era proprietário dessa casa onde vocês moravam e tinha outra, e que a situação econômica dele era boa.

SCA: Era, mas ele tinha...

MSM: Ele vivia de folhetos.

SCA: Era. Ele tinha dezoito agências no Brasil, dezoito agências. Quando ele adoeceu, que ele não podia mais tirar o dinheiro no banco, quem ficou tirando fui eu. Ele passou uma procuração, eu fui com a minha filha, a mais velha. Quando eu cheguei lá, não deixaram eu tirar o dinheiro, porque disseram que eu era uma menina muito nova, muito bonita, e não podia ser mulher dele. Foi preciso eu ir em casa, voltar, buscar o registro de casamento. Eu disse: "A minha filha está aí pra provar". "Essa filha é lá da senhora? A filha não é da senhora, não." Foi preciso eu levar o registro da minha filha e o meu, comprovando que a menina era filha minha, e que ele era esposo meu.

RCB: E o dinheiro, era uma soma grande, essa que a senhora ia tirar?

SCA: Nesse tempo, como o senhor sabe, nesse tempo, tudo era pouco, né? Porque os livros eram vendidos por umas pratinhas amarelas, assim..

MSM: Uns 500 réis.

SCA: 500 réis, dois tostões, um cruzado...

MSM: Um tostão...

SCA: Pensei que era cruzado. Tostão. Os livros grandes eram vendidos a 500 réis.

MSM: A senhora fala os livros grandes, os que têm maior número de páginas, não é?

SCA: É, porque esse daí é pequeno. É de 18, 16 páginas.

MSM: E tem de 16, de 18, 32 e...

SCA: E de 64.

MSM: Sempre duplicando.

SCA: É, duplicando.

MSM: 16, 32...

SCA: É.

RCB: De cada vez que ele tirava para fazer uma impressão, quantos exemplares mais ou menos ele tirava?

SCA: Ele tirava muitos milheiros. Digamos, *Os martírios de Genoveva* ia sair, ele botava pra tirar era oito, nove, dez milheiros.

MSM: *Os martírios de Genoveva*.

SCA: A descrição do beijo que tem aí, mas o senhor morre de rir com a descrição do beijo.

MSM: A senhora sabe de algum pedacinho...

SCA: Eu sabia muito, mas eu tive um problema que já fui internada cinco vezes...

MSM: Sim.

SCA: Então o médico disse que minha arteriosclerose estava muito avançada, sabe.

RCB: A senhora se lembra de alguns desses... de ter visto ele escrevendo alguns desses poemas?

SCA: Vi demais. Teve noite de ele não dormir. Chegava os outros lá em casa e ele ia desfiar.

RCB: Quem era mais ou menos esse pessoal que freqüentava a casa dele?

SCA: Não estou lembrada...

RCB: Cordeiro Manso, ele ia lá?

MSM: Pacífico Pacato Cordeiro Manso...

SCA: Pacheco...

RCB: Zé Pacheco.

MSM: E andou por lá também Abelardo Monteiro.

SCA: Belardo foi empregado nosso. O Belardo era empregado de despachar livro para essas agências todas...

MSM: Fazia os pacotes, amarrava...

SCA: É, e limpar balcão e varrer.

RCB: E fazia verso também.

MSM: Depois, não é?

SCA: Um tempo atrás, faz parece que uns oito anos, chegou um carro lá em casa, que eu não sei nem quem era, disse: "A senhora é Sofia Athayde?" Eu disse: "Sou eu, sim senhor." "Eu queria falar com a senhora". Sentou-se então e começou a conversar, e ele contou que o Abelardo tinha dito que aqueles livros eram todos escritos por ele, não por João Athayde. Eu disse: "mas como? O empregado foi nosso, inventou que os livros eram dele. Ele era empregado nosso, de varrer e despachar no correio, o serviço dele era esse". "Mas a senhora como é que me diz uma coisa dessa? Porque ele me disse a mim que os folhetos todos eram dele". Eu disse: "Só ele vindo aqui para falar comigo, eu quero que ele venha dizer que os folhetos eram escritos por ele".

RCB: Os outros poetas daquele tempo, que visitavam a casa dele, a senhora se lembra mais de algum, além de Zé Pacheco?

SCA: Criatura, eu tô tão esquecida...

RCB: Quando a senhora casou, Leandro já tinha morrido?

SCA: Leandro já tinha morrido, então ele comprou à viúva alguns exemplares do outro, do Leandro Gomes de Barros.

RCB: Agora, a senhora tem notícia de que ele fosse amigo de Leandro? Ou não?

SCA: Tenho.

RCB: Eles se conheciam assim só de vista?

SCA: Só conhecidos de vista... Não tinha amizade...

RCB: E aquele outro da Paraíba, Chagas Batista, Francisco das Chagas Batista?

SCA: Nunca vi, nem conheço esse homem.

RCB: E Zé Duda?

SCA: Também não.

RCB: João Melquíades?

SCA: Também não! Eu sei que tinha alguns, mas devido a eu ter esse problema, estou esquecida... Zé Camelo, esse eu me lembro. Uma vez ele sentava aqui, aí dava mote pra cá e cada qual. Eu me lembro um mote que ele fez pra Teles e Zé Pacheco: "Não há remédio que cure os males do coração"... Aí ficavam eles discutindo aquele mote pra fazer um com o outro. Velho era quem dava aos outros....

RCB: Também nunca saiu pra vender os folhetos? Ele mesmo?

SCA: Ele tinha dezoito agências no estado do Brasil. Era de chegar carta de todo canto. De todo canto chegava carta. Ele tinha uma oficina no Pátio do Terço. E na rua do Forte era a tipografia dele.

RCB: A senhora conhecia também Antônio Amâncio?

SCA: De nome, só.

RCB: Silvino Pirauá?

SCA: De nome. O que eu conheci mesmo, que ia lá palestrar muito com ele, era Pacheco, que tinha até um dedo assim cortado.

RCB: Teodoro Ferraz da Câmara?

SCA: Não.

RCB: E Zé Bernardo, que depois comprou os direitos dele?

SCA: Esse Zé Bernardo era um preto que tinha uma agência lá no Juazeiro, então ele fornecia livros para essa agência lá. Ele vinha, fazia uma compra enorme. Levava e não pagava, não sabe? Agora, quando ele vinha fazer outras compras, ele pagava aquelas, esse preto. Foi quando ele teve o primeiro derrame, mas ele já era freguês de muitos anos, esse Zé Bernardo. Foi quando ele teve aquele primeiro derrame, e veio para a rua das Calçadas, aquela casa de esquina era nossa, a de junto. A da Floriano Antônio Henrique era minha. Tudo era no meu nome, porque eu era casada com ele. Ele disse que não queria não depois de morrer, briga, não sabe? Cada qual tinha logo o seu, pra quando morrer não deixar zoada. Meu era meu e dos filhos dele. Então ele sentiu-se mal e ficou em casa, mas ele fez a venda, tudo, e eu não soube. Nem meus filhos, eram ainda menores.

MSM: Essa venda a João Bernardo...

SCA: A João Bernardo. Nem eu soube e nem meus filhos. Ele fez por conta própria. Não disse nada a ninguém.

Depois eu tive... o pai daquele menino, do Ângelo, chegou aqui e disse: "Mamãe, papai vendeu a tipografia e não disse à senhora. A senhora vai protestar".

RCB: Agora, ele vendeu inclusive o equipamento?

SCA: Tudo.

MSM: Tudo. Máquinas, tipos...

SCA: Não vendeu, não, ele deu. Porque ele tinha um estoque de livros nossos que começava daqui e ia até lá na parede. Pra tirar esses livros tinha uma escada, Belardo era quem subia para botar aqueles pacotes abaixo, que era tudo empacotado de 500 em 500. Até fora. Aí o meu filho disse: "Papai vendeu e a gente vai protestar".

MSM: Em que ano, mais ou menos?

SCA: Foi em mil, novecentos...

RCB: Quarenta e nove, mais ou menos?

SCA: É, mais ou menos.... Peraí, como esse meu filho mais novo tá em São Paulo tem 45 anos, pronto! Foi mais ou menos em 1942, porque esse menino nasceu em 1945, ele era novinho, foi quando ele mudou-se para a rua Imperial, que a casa também era nossa, ali junto do rio Una. Aí o Athayde veio e disse a mim: "Mamãe, a senhora vai protestar essa venda que o papai fez porque ele já está com 70 anos e não pode fazer esta venda". Ele teve o primeiro derrame. Então tinha uma filha dele, a Ceci, que era dentista, chegou a mim e disse: "Olhe, se você for protestar papai, a gente voa tudo em cima de você. E papai tem o segundo derrame e morre, você não vai ficar viva". A Ceci, a filha dele. Que tem uma que ainda é viva. Aí o Athayde disse: "Pois nós vamos protestar". Eu pensei assim, eu digo: do mundo nada se leva. Eu não vou agora enfrentar uma coisa que pode dar numa pior, não acha?

MSM: Talvez até contribuir para um outro derrame, que fosse até fatal, não é?

SCA: Ele vendeu tudo depois desse derrame que ele teve, sem dizer nada. Ficou numa casa nossa, ali....

MSM: Agora pergunto eu à senhora: a senhora sabe informar se ele fez, se essa venda foi feita por meio de algum recibo, de alguma escritura?

SCA: Não foi feito com nada. De boca. Foi feito de boca.

MSM: E sabe por quanto, na época?

SCA: Por quanto ele vendeu?

MSM: Sim.

SCA: Homem, eu sei que o estoque que ele vendeu, como eu digo, era daqui lá em cima, nesse tempo era mil réis. Por 20 mil réis. Agora, as máquinas, eu não sei. Só sei do estoque. Máquina, tinha cada máquina enorme. Máquina de cortar, máquina de fiar... Era como um jornal, saía como um jornal. Agora, ali os empregados dobravam e primeiro era serrado, depois ele comprou máquina para costurar, era costurado. Mas não dava vencimento porque a venda era muito grande. Ele aí inventou um serrote, uma máquina de serrar. Fazia aquele livro assim, digamos, a máquina passava, serrava assim, aqui e aqui, punha o grude com aquele... punha naquele corte, assim, e os empregados encadernavam.

MSM: A parte de serragem era justamente para o grude grudar.

SCA: Era. Serrava aqui e serrava aqui, não sabe? E era para dar vencimento, porque as máquinas não davam vencimento na venda dos livros.

MSM: Porque a máquina de costura, a costuradora, vai de caderno em caderno.

SCA: Era. De cem em cem. Quando dava cem, aí a pessoa

ia com a tesoura e cortava. Muito atrasado. Ele aí pensou que não dava certo.

MSM: Para colar, botava tudo serrado assim, passava o pincel com a cola e pronto.

SCA: É, botava assim. Livro pequeno era duzentos que botava, e o grande, de 64, era cem, tudo serrado. Agora, tinha a capa, que ele mandava fazer o clichê.

RCB: E quem era a pessoa que desenhava aquelas figuras do clichê dele?

SCA: Era aí no *Diário de Pernambuco*.

RCB: O *Diário de Pernambuco* era quem fazia o clichê dele. Mas quem fazia o desenho?

SCA: Era ele.

RCB: Era ele mesmo?

SCA: Era ele mesmo. Ele mesmo era quem fazia. Ele pegava o lápis, ficava assim numa mesa como essa, desenhava, riscava e levava. Era ele mesmo quem fazia.

MSM: Naturalmente, lá cobriam de nanquim para poder dar o clichê.

SCA: É.

RCB: E tinha uma filha dele que desenhava também?

SCA: A filha dele desenhava também.

RCB: Qual?

SCA: Ela ainda é viva, a filha dele.

RCB: Como é o nome dela?

SCA: É Maria José de Athayde.

RCB: E também ouvi falar que tinha uma filha dele que fazia versos também? Era essa mesma?

SCA: Era essa mesma. Lá alguma vez quando ela queria, porque só cuidava de namorado. Depois ela abriu um consultório na rua Duque de Caxias. Ela era dentista. Uma trabalhava pela manhã e a outra à tarde. E depois elas não quiseram mais saber de escrever nem nada, porque já tinha outro...

MSM: Outra ocupação.

RCB: E a senhora sabe dizer alguns desses folhetos?

SCA: *Balão do destino.*

MSM: *Balão do destino.* Esse folheto foi escrito por Lia.

SCA: *Balão do destino* e *Uma noite de amor.*

MSM: Quer dizer que são dois folhetos escritos num só. Dois em um.

SCA: Mas é muito bonito esse folheto...

RCB: A senhora se lembra de alguns outros folhetos que ele tenha passado a noite escrevendo?

SCA: Ah! Lembro! Ele, quando Lampião morreu, ele não dormiu. Ele dobrou a noite, e os empregados era do quarto pra outro, porque não dormiam. Dia e noite a trabalhar, as máquinas sem dar vencimento. E *O martírio de Genoveva*, me lembro. E o último que ele fez parece que foi a *Descrição do beijo*, aí tem. Mas tão bonito esse *Descrição do beijo*!

MSM: A senhora sabe algum versinho desses da *Descrição do beijo*?

SCA: Sei não!...

MSM: Diga-me uma coisa, d. Sofia, ele vivia bem com a mãe da senhora, a sogra dele?

SCA: Com a minha mãe?

MSM: Se dava bem com ele?

SCA: Se dava bem com ele, mas depois a minha mãe mudou-se com o filho dela e uma irmã para o interior. E lá adoeceu e ele foi buscar ela comigo e trouxe, e ela morreu na nossa casa.

MSM: Eu estou fazendo esta pergunta porque ele tem um folheto intitulado *Como se amansa uma sogra.*

SCA: [Risos]... *Como se amansa uma sogra...*

MSM: Que começa assim: "Vinha o diabo de cócoras,/ um mês depois de casado/ quando julgava passar/ a lua de mel deitado,/ a doce, a queijo e a vinho/ e a pequena de um lado". Aí vem a sogra, pelo que eu penso, viu e atrapalhou... Aí tirou a empada da azeitona dele, parece.

SCA: A pessoa pra escrever quer...

MSM: É, a imaginação! Mas como nós estávamos procurando fazer um levantamento da vida dele, toda informação é útil, não sabe?

SCA: Mas me lembro. Ele tinha noites que ele dobrava, ele não dormia, escrevendo. Ele escrevia muito!

RCB: A senhora se lembra de um folheto dele chamado *Sacco e Vanzetti*?

SCA: *Sacco e Vanzetti*, me lembro. Desse lá eu me lembro quando ele escreveu.

RCB: Foi na época que...

SCA: Eu passei a noite acordada também porque ele escrevendo precisava de um cafezinho e precisava às vezes de... os pés dele ficavam frios, eu amornava uma água. Punha uma bacia assim, ele punha os pés dentro da água morna na bacia, porque ele passava a noite todinha sem dormir, não é? Mas não era tanto porque ele precisava fazer esse livro. Eram os vendedores em cima dele, que era assim pra vender. Quando saía uma novidade assim, ninguém dormia lá em casa. Nem a gente. Até a gente trabalhava até o dia amanhecer. Eu, as filhas dele, os meus...

MSM: O pessoal todo?!

SCA: Entrava os empregados, as empregadas, que tinha muita, e nós de dentro de casa também. Tudo sabia fazer. E não vencia. Quando aparecia assim, digamos, a morte de Lampião...

RCB: Na morte de João Pessoa ele fez folheto também?

SCA: Fez, fez folheto. A morte de João Pessoa, aí foi que foi trabalhar. Até eu não dormia, à noite, trabalhando. Não era tanto, criatura, porque a gente precisasse...

MSM: Era para atender os pedidos.

SCA: Para atender os pedidos, não é? E eles faziam muito dinheiro assim, os vendedores, se aproveitavam e faziam muito negócio.

MSM: Quando o folheto era um assunto bom, não é?

SCA: Um assunto bom... *A morte de Lampião*, *A morte de João Pessoa*, *Sacco e Vanzetti*.

RCB: *A morte de padre Cícero*...

SCA: *A morte de padre Cícero* vendeu muito. Até o retrato ele fez. Até os retratinhos, assim, vendia. Isso ninguém dormia.

RCB: Agora, ele imprimia outras coisas na Gráfica União? Só folheto, ou imprimia outras? A senhora falou agora que ele imprimiu santo de padre Cícero?

SCA: Só o do padre Cícero, porque esses que vendiam aperreavam muito ele.

RCB: Outras coisas, outros serviços ele não tomava, não?

MSM: Ele, por exemplo, não fazia nota de bicho, nota fiscal, santinho de primeira comunhão...

SCA: Não! E ele tinha tempo?

MSM: Participação de casamento não tinha, só folheto?

SCA: Não tinha, não. Não fazia nada disso, era só folheto.

MSM: A senhora falou que por ocasião da morte de Lampião ele fez um folheto que vendeu muito.

SCA: Vendeu.

MSM: Então Lampião me lembrou de fazer a seguinte pergunta à senhora: ele tinha algum parentesco com Antônio Silvino?

SCA: Tinha, era parente.

MSM: Mas em que grau mais ou menos? Primo...

SCA: Primo muito longe, não sabe? Ele era muito ocupado e Antônio Silvino essas horas chegava. Tinha o meu filho, o Carlos, ele chamou e disse: "Carlos, quando Antônio Silvino chegar, diga que eu não estou".

MSM: Por que, hein?

SCA: Porque tomava muito o tempo dele.

MSM: Ah! Sim. Eu pensei que fosse, devido ao passado dele.

SCA: Não! Porque tomava muito o tempo dele.

MSM: Conversando...

SCA: Ele a contar aquelas novidades, aquelas portas, aquelas... tudo que tinha feito, não sabe? Tomava muito o tempo dele. Aí ele disse para um filho meu...

MSM: Carlos.

SCA: "Ô Carlos, quando Antônio Silvino chegar aí, diga que eu não estou". Quando foi pela manhã, mais ou menos dez horas, ele chegou. Bateu lá na frente, que era a casa de morada e atrás era oficina. O meu menino chegou e disse: "Papai mandou dizer que não tá aqui não".

MSM: Ao pé da letra, não é?

SCA: Foi, "papai mandou dizer...", mas ah, criatura, ele disse: "O que foi que você me disse, menino?" Bateu com o pé assim, que ele era brabo. "Seu pai mandou dizer que não estava aí. Quer dizer que ele está aí, não é?" Nunca mais ele foi lá. Cabou-se...

MSM: Não era pra menos não, é?

SCA: Nunca mais. Mas ele tomava muito tempo. O velho precisava escrever. Ele tinha uma responsabilidade medonha naqueles pedidos que vinham... Aquilo tudo não era passar só na mão dos empregados. Porque...

MSM: Tinha que passar primeiro na mão dele, não é?

SCA: O senhor tendo o negócio, primeiro passa na sua mão, não é?

MSM: É, para resolver o assunto...

RCB: A senhora chamou Athayde duas vezes de "o velho". Era apelido dele na casa, ou era só a senhora que chamava ele de "o velho"?

SCA: Velho?

RCB: Sim

SCA: Era eu que chamava.

MSM: É. As mulheres, no Nordeste, elas chamam os maridos de "velhos".

SCA: É, quando ele estava importunando muito...

MSM: Mesmo moço, não estou dizendo porque ele seja velho agora, não.

SCA: E o senhor, é velho?

MSM: Meio usado!!!

SCA: Aí eu dizia pra ele: "Mas meu velho, você está aperreado... o que é que você tem? Acaba com isso, do mundo a gente não leva nada". Porque às vezes ele se aperreava muito com as filhas dele, num sabe? Essa que é formada...

MSM: Quer dizer, dona Sofia, que a gráfica dava tanto pra família viver, que vendia tantos folhetos, que com o dinheiro desses folhetos, é que João Martins... Com esse dinheiro é que ele comprou as casas, não é? A senhora falou que ele tinha casa de dois andares, tinha a casa de junto, tinha a casa da esquina...

SCA: Eu tinha casa em Limoeiro, o senhor chega ali no Ponto Certo, quando saltar, a penúltima, perto da penúltima...

MSM: Ponto Certo, eu sei onde é.

SCA: É, o Ponto Certo. Tudo ele passava no meu nome, pra quando morrer não ter briga, porque ele dizia: "Cada qual fica com o seu".

RCB: Ele contava como tinha sido o começo dele, de trabalhar na oficina?

SCA: Na oficina...

RCB: Porque quando a senhora casou com ele, ele já estava instalado tudinho. Agora, ele não falava assim como é que tinha vindo do interior da Paraíba, e entrado nesse negócio, não?

SCA: Não! Ele falou muito que ele foi criado em Paraíba, a mãe dele morreu...

MSM: Qual era a cidade?

SCA: Cachoeira de Cebola.

MSM: Município de Ingá.

SCA: É, Cachoeira de Cebola. Ele falava muito que a mãe dele morreu. Então o pai dele casou-se e ele sofria muito com a madrasta...

MSM: Ele tem algum folheto sobre madrasta?

SCA: Eu não estou bem lembrada...

MSM: Sim. Sim, continue...

SCA: Então a madrasta maltratava muito ele. Ele saía de madrugada porque tinha roçado, o senhor sabe o que é roçado?

MSM: Sei, sei...

SCA: Plantação, a enxada... Então, o pai dele, a madrasta, castigava muito ele. O pai fazia a feira pra casa, de tudo. Mas ela... eram... parece que eram três irmãos... ela botava, pra cada um, uma xícara de farinha, sem o velho saber, porque o velho pensava que ela botava a comida dos filhos dele direito. Quando foi um dia, ele andava sem roupa, ele já grandinho, moleque já grande. Ele disse que botava um saco aqui e amarrava, quando ele era moleque...

MSM: Meninote!

SCA: É, meninote, seus oito anos, nove anos, dez anos mais ou menos, ele foi criado assim...

MSM: Já andei muito de camisão nesse tempo...

SCA: É, camisão, e ele andava com um, o senhor não sabe o que é saco?

MSM: Sei!...

SCA: Ele pegava, amarrava aqui...

MSM: Saco de farinha que se compra na padaria...

SCA: É! Isso mesmo! E andava muito maltratado. Mas ele não sabia. O pai dele não sabia, porque o pai dele confiava muito na esposa. Quando foi um dia ele disse que vinha pra casa e caiu na estrada...

MSM: De onde, do cavalo?

SCA: O velho caiu de fome!

MSM: Ah, sim.

SCA: De fome. Então chegaram uns conhecidos do velho, do pai dele, e disse: "Belchior" — era Belchior Athayde, o pai dele — "o seu filho tá caído em tal canto". Ele disse: "O quê?". Ele foi a toda. Chegou lá o menino tava caído, vestido com aqueles trajes. Ele aí perguntou quando ele tornou: "Meu filho, porque é isso?". "É de fome, papai, porque ela bota... são cinco dias de farinha."

MSM: Só?

SCA: Só! Carne era se ela botava... Mas ele não sabia. E os filhos também não reclamavam que era pra não aperrear o pai.

MSM: E com que idade ele fugiu de casa?

SCA: Ele disse que não. Depois ele disse que foi crescendo, foi trabalhando... porque antigamente esse pessoal, pai e mãe, não se importava com estudo de filho, não é isso?

Hoje é que nós estamos...

RCB: Hoje é que nós temos essa preocupação.

SCA: Então o pai dele não se importou. Ele por si mesmo procurou pedir uma lição a um, uma lição a outro. Ele disse que andava com uma carta. Nesse tempo todo mundo usava chapéu.

MSM: Carta de ABC...

SCA: Carta de ABC no chapéu.

MSM: Ele freqüentou alguma escola?

SCA: Depois ele freqüentou.

RCB: Quer dizer que botava a carta de ABC no chapéu?

SCA: Quando era meninote. Chegava assim, digamos, eu tava aqui, ele perguntava que letra é essa, que letra é essa outra. Um ensinava, outro ensinava. Ele disse que não tinha papel pra escrever, que o pai não se importava, e a madrasta também, né? Ele disse que escrevia no chão, o lápis era o dedo e o caderno era o chão. Escrevia nome, escrevia tudo, fazia conta, a inteligência dada por Deus, não é?

MSM: É um dom...

SCA: É um dom dado por Deus. Ele disse que foi indo, foi crescendo, depois procurou estudar por ele mesmo. Ele mesmo se fez... Ele mesmo se fez.

RCB: E como é que ele veio pro Recife?

MSM: Por quê, como, quando?

RCB: Como é que ele veio pra Recife?

SCA: Ele veio pra Recife porque tinha um parente dele aqui e você sabe, a pessoa vai crescendo, ficando homem, rapaz, vai tomando sistema de vida, né? Procurando sempre o melhor.

RCB: Esse parente dele fazia o que aqui no Recife, a senhora sabe?

SCA: Parece que era negociante.

RCB: Era o pai do padre?

SCA: Era não! Era outro. Era outro conhecido dele. O pai do padre morreu em Limoeiro. Conheceu o pai do padre?

MSM: Não! Conheci só o padre.

SCA: Pessoa boa, não era? Belchior de Athayde.

RCB: E como é que ele entrou pra esse ramo, esse negócio de tipografia. Como é que ele começou a mexer...

MSM: Acho interessante perguntar qual foi o primeiro trabalho que ele fez aqui em Recife. Se ele se empregou em alguma casa comercial...

SCA: Ele se empregou. Ele andou empregado aqui, acolá, padecendo muito, empregado, aperreado. Depois ele foi escrevendo. Ele começou a escrever primeiro a *Décima amorosa*, muito bonito. Começou a escrever, começaram a achar bonito, e daí foi dando, foi fazendo, foi se levantando, até que chegou ao ponto que ele chegou. Mas ele disse feito por ele, ninguém ajudou. Ninguém deu a mão a ele em nada.

RCB: Ele contava quais foram os primeiros versos dele; os primeiros folhetos depois desse a *Décima amorosa*?

MSM: O primeiro. Pelo menos o primeiro!...

SCA: O primeiro... Os primeiros foram *O martírio de Genoveva* e tinha outro... *O sofrimento de Alzira*, foi um dos primeiros.

MSM: *O sofrimento* e *O martírio*...

SCA: *O sofrimento de Alzira*.

RCB: Essas histórias ele tirava da cabeça mesmo ou era de gente conhecida que ele misturava?

SCA: Não! Era da cabeça, mesmo. Ele sentava assim, com um caderno. Ninguém chegasse junto. Menino que chegasse não era pra conversar, nem pra falar, nem nada, que ele ficava só, isolado ali, escrevia, ficava pra lá, escrevia, ficava pra cá.

MSM: Quando ele escrevia, era de dia ou de noite?

SCA: Homem! Ele escrevia tanto de dia como de noite, viu? Ele tirava a horinha dele do cinema, ele tinha todo dia a obrigação...

MSM: Mas na hora do cinema tava lá no Glória, no Ideal...

SCA: Quando o sino batia oito horas. Que de primeiro aqui as horas dava pelo sino. Não sei se o senhor se lembra?

MSM: Eu me lembro...

SCA: Se lembra? Que as horas que dava era o sino que batia.

MSM: Meio-dia, hora de almoçar. Oito horas, hora de dormir.

SCA: É. Era isso mesmo.

MSM: Incêndio, missa, falecimento...

SCA: É... Olha como ele se lembra! Quando dava oito horas tinha uma porta...

MSM: Eu estou muito velho. [Risos]

SCA: Essa gente acha graça... Tinha uma porta do segundo andar, porque o prédio todo era dele, porque ele não alugava, pra ninguém entrar...

SCA: Eu achei graça dele... eu não acho nada ele velho, tá muito moço... [Risos]

RCB: A senhora se lembra de um folheto chamado *A princesa sem coração*?

SCA: Ah! Me lembro, *A princesa sem coração*, me lembro.

RCB: E quando foi mais ou menos que ele escreveu isso?

SCA: Ele... já... não foi de meu tempo...

RCB: Foi anterior, já tinha...

SCA: Já tinha, já.

MSM: Quando a senhora casou ele já tinha escrito o folheto?

SCA: Já tinha escrito.

RCB: *A princesa sem coração* foi o folheto da tese da professora Jerusa Ferreira.

MSM: Pires Ferreira, da USP. Ficou registrado, Roberto, a data do casamento dela?

RCB: Só mais ou menos a época, né?

MSM: Quando casou, lembra? O ano?

RCB: Não sei.

RCB: Com quantos anos a senhora casou com o Athayde?

SCA: Eu me casei com 14 anos, com 15 anos tive a primeira filha...

Voz feminina: Ele tinha que idade?

SCA: Ele tinha ou era 48 ou era 52...

RCB: A gente está comemorando o centenário dele, não é?!

SCA: Eu ainda ia fazer 14 anos, eu ainda ia completar 14 anos, quando a primeira menina nasceu, eu ainda ia fazer 15 anos, mas o velho era tão ciumento, que eu não olhava. Ele dizia assim para mim: "Olha! Se você olhar para um homem, eu furo seus olhos". Mas eu tinha, o senhor sabe o que era horror, eu tinha. Ainda hoje, meu filho, esse que é jornalista que vive em São Paulo, caçula...

MSM: Marcos!

SCA: Venício de Athayde.

MSM: Venício de Athayde.

SCA: Ele trabalhou aqui.

MSM: Trabalhou aqui mesmo, eu me lembro dele.

SCA: Se lembra?

MSM: Me lembro. Por uns três ou quatro anos.

SCA: Eu morei em São Paulo uns cinco anos, ele saía comigo... eu tenho o costume de só olhar para o chão porque ele dizia: "Se você levantar a cabeça e olhar para um homem, eu tenho um punhal para tirar os seus olhos".

Mas eu criei um pavor tão grande com isso que ainda hoje só olho para o chão. O meu filho fazia: "Mamãe, levanta essa cabeça"... mas a pessoa se acostuma com uma coisa e acabou. Mas eu tinha um pavor porque ele dizia que furava meus olhos. Ele era ciumento demais. Demais. Uma vez fui em Palmares, ser madrinha com ele de um freguês dele, Druído, de uma agência que ele tinha. Tinha uma mesa muito formada de tudo. Depois do batizado, sentamos, muita bebida, muita comida, e chegou um dos convidados que começou a olhar para mim. Ele já bem velho. Aí olhou assim e disse: "Mas de onde é essa morena tão bonita?". Ah, meu Deus! Eu quase que morro. Quando o cidadão olhou pra mim, o rapaz, olhou pra mim e disse: de onde esta criatura tão bonita... misericórdia, o homem levantou-se furioso que eu fiquei com vergonha. Arrastou-me pelo braço.

MSM: Possessivo.

SCA: Foi. E quando chegou em casa ele me massacrou, mas massacrou à vontade. Mas que culpa eu tive?

MSM: É. Ninguém tem culpa de ter nascido...

SCA: Pois é.

RCB: Ele dava na senhora, nessas horas de ciúme?

SCA: Ah, dava. Ele começou brabo, não sabe? Mas eu sou da Paraíba, mulher-macho. [Todos riem] Ele começou brabo. Quando foi um dia, ele pagou. Eu disse: "Olhe, eu vou te dizer uma coisa: você levanta a mão pra mim uma vez, a segunda, não levanta". Ele olhou pra mim, partiu pra cima de mim e eu disse: "Vê que estás fazendo, porque tu só levanta uma vez, tu num come farinha mais nunca". [Todos riem]

MSM: Disse mesmo, assim?

SCA: Foi. Disse assim pra ele. Porque ele não batia em

mim. Porque eu tinha uma chaleira preparada. [Risos]. Que eu não vou dizer que não. Eu tinha uma chaleira pra quando ele batesse em mim, quando ele tivesse dormindo, eu ferver a água e botar no ouvido dele. Se ele batesse em mim... ah, batia; mas eu não dava motivo pra ele bater em mim, não era?

RCB: Mas voltando ao pessoal que freqüentava a casa dele, havia um estudante de Recife que foi muito amigo dele chamado Alfredo Pessoa de Lima.

SCA: Alfredo Pessoa de Lima.

RCB: Que depois foi juiz...

SCA: Conheço ele. Esse Alfredo Pessoa de Lima se formou, ele foi quem deu o estudo, foi quem deu formatura, foi quem deu tudo a ele.

RCB: E fazia verso também, Alfredo?

SCA: Homem, se fazia não me consta. Realmente eu sei que ele passeava muito. Que o velho foi nascido e criado em Paraíba, e ele todo ano dava um passeio em Paraíba, e esse Alfredo falava muito, num sabe?

RCB: Era, né? Conhecido como um orador muito bom.

SCA: Orador, falava muito...

MSM: Um que andou trocando tiros aí...

SCA: Ele só andava com o velho. Quando ia pra Paraíba, quando saltava do trem, do jeito que ele estava, com aquela mesma roupa, ele chegava na rua, esse seu Alfredo, mas falava de chamar atenção pública. Como esse seu Alfredo só andava mais o velho! O velho foi quem formou ele, foi quem deu tudo, tudo, tudo foi ele. Passeava muito com ele.

MSM: No Rio Grande do Sul.

SCA: É isso mesmo.

MSM: Não, não foi lá, não. Alfredo Pessoa de Lima...

MSM: Não, não, é uma coisa semelhante. Alfredo Pessoa

de Lima foi orador da turma do CPOR. Ele fez um discurso muito bonito, então o comandante da região gostou tanto que levou-o para o Rio Grande do Sul, não sei se pra ser alguma autoridade, auditor, promotor de Estado, é, não é? E lá Alfredo Pessoa de Lima matou uma pessoa e fez a própria defesa e foi absolvido.

SCA: Ele é muito inteligente. Ele só andava mais o velho.

MSM: Contam até que Alfredo Pessoa de Lima estava sem emprego, decorou a Bíblia, e tornou-se pastor protestante numa época da vida dele. Eu conheci muito Alfredo Pessoa de Lima. Eu morava numa república de estudantes na rua Barão de São Borja e ele aparecia sempre por lá. E eu tenho um poema, um soneto de Alfredo Pessoa de Lima escrito por ele, quer dizer, manuscrito.

SCA: Ele escrevia muito poema, muito soneto, ele escrevia.

MSM: Soneto é o que eu tenho, é o que eu sei.

SCA: Não me lembro. Ele fazia muitas poesias, sonetos... E ele chegava assim e falava.

MSM: Uma coisa interessante para ficar registrada. Em 19... precisamente em 25 de janeiro de 1938, na capa do folheto *O casamento do calango*...

SCA: *...com a lagartixa.*

MSM: Exatamente. Então, isso é importante para esse estudo que a gente está pretendendo fazer. Tem aqui um protesto: "Tendo ciência de que alguém procura escrever e editar as minhas trovas populares de que sou exclusivo autor e proprietário, iludindo assim a boa fé de meus fregueses e apreciadores, protesto contra a absorção dos meus direitos garantidos pelos artigos 649, 670 e 672 do Capítulo VI do Código Civil Brasileiro, fazendo valer os meus direitos oportunamente perante os tribunais do país, já tendo recebido as certidões de que trata o artigo 673 do referido código. Sigo a este meu protesto, de aviso aos meus leitores e às autoridades de todas as circunscrições da República, a quem requeri não só apreensão como indenização pelos danos causados. Recife, 25 de janeiro de 1938. João Martins de Athayde". Talvez este protesto tão juridicamente estribado, seja já, não sei, do Alfredo Pessoa de...

RCB: A senhora, nessa época em que ele reclamava essas coisas, a senhora se lembra de ele ter se queixado especificamente de alguma pessoa que estava publicando os versos dele?

SCA: Era um na Bahia, tinha um na Bahia, outro em Sergipe. Foram duas pessoas. Agora, eu não me lembro...

RCB: Do nome...

SCA: Não lembro.

RCB: E em Belém, tinha uma editora lá que imprimia uns versos...

SCA: Em Belém do Pará.

RCB: Também em Belém do Pará..., esse pessoal de Belém mantinha negócio com ele, ou era também assim...

SCA: Era...

RCB: ... roubado.

SCA: Roubado. Me lembro porque uma tarde chegavam uns compradores lá, medonhos, falando com ele porque os livros dele tavam sendo patrucado, mas os livros do velho eram assim: você podia ter o livro de todos os editores diferentes, não teve o dele, não vendia. Pra vender um, devia ter o dele, só compravam se tivesse o dele. Diziam logo: "Tem os livros de João Martins de Athayde?" Não teve, saía. Ninguém comprava os livros dele. De forma que diziam assim: "Bem, pra levar os livros de João Martins de Athayde, precisa levar de outro autor", que era pra ter saída.

RCB: Tem uns folhetos de Martins de Athayde baseados num romance, ele lia muito romance...

SCA: Lia.

RCB: De José de Alencar?

SCA: Lia, ele lia... mas ele lia de se esquecer até de comer. Eu é quem chegava: "Criatura! Vem embora jantar, a comida tá na mesa".

RCB: A senhora se lembra de um folheto chamado *Amor de perdição*?

SCA: *Amor de Perdição*! Me lembro quando foi feito.

RCB: E *Romeu e Julieta*, a senhora se lembra desse folheto?

SCA: Me lembro! Me lembro, *Romeu e Julieta*...

MSM: Dona Sofia, aqui tem um folheto: *A grande surra que o poeta Cordeiro Manso de Maceió levou de João de Athayde por ter ido desafiá-lo*. Isso foi somente folheto, não é?

SCA: Folheto? É! É que desafiavam um ao outro.

MSM: Esse negócio de grande surra, de briga, não houve nada, era somente decerto pra vender, não é?

SCA: Não. Não.

MSM: Novela, não é? A novela de antigamente, não é? Do matuto, do homem rival...

SCA: Era isso! Tem uma peleja... aí diz assim...

MSM: Lembrou.

RCB: Ele tinha um sobrinho que era poeta também? Um rapazinho, ou a senhora não alcançou?

SCA: Alcancei....

RCB: ... chamado Heitor?

SCA: Ele tinha um filho, Heitor.

RCB: Era filho dele?

SCA: Era filho dele. Ele morava na Matinha de...

MSM: Do primeiro matrimônio?

SCA: Do primeiro matrimônio, tinha doze anos, esse menino, então...

MSM: Como era o nome da mulher dele, do primeiro matrimônio?

SCA: Josefa...

MSM: Josefa...

SCA: Parece que era Josefa Maria não sei de quê, de Athayde.

RCB: Sim, mas de Heitor...

SCA: Esse garoto tinha doze anos e nós morávamos aí na Matinha, que hoje tem outro nome. Tinha muito pé de manga e ele subiu no pé de manga e caiu como uma fruta, ficou roxo, o pai levou ao médico já fazia dois meses. Aí o médico disse: "Esse menino caiu?". Ele disse: "Caiu e não me disse?" Ele levou esse menino pra Paraíba, por todo canto. Ele com doze anos, fez um livro, esse menino.

RCB: Como é que se chamava o livro?

SCA: *O menino da floresta*.

RCB: Ah, *O menino da floresta*!

SCA: Com doze anos.

RCB: Era filho dele...

SCA: Filho dele, da primeira.

RCB: Chamava-se Heitor.

SCA: Heitor.

RCB: Porque eu tinha ouvido falar de Heitor como sobrinho, mas é filho?

SCA: É filho.

João Martins de Athayde

TRADA DE LAMPEÃO ACOMPANHADO DE 50
CACEIROS NA CIDADE DO PADRE CICERO
E ESTÁ NO LADO ESQUERDO É LAMPEÃO E O
OUTRO É O SEU IRMÃO

**Como Lampião entrou na cidade
de Juazeiro acompanhado de
cinqüenta cangaceiros e como
ofereceu os seus serviços à
legalidade contra os revoltosos**

O dia doze de março
Foi alegre, alvissareiro,
Porém para o sertanejo
Tornou-se quase agoureiro,
A polícia protestou
Quando Lampião entrou
Na cidade de Juazeiro

Cerca de cinqüenta homens
Cada qual mais bem armado
Trajando roupa de cáqui
Tudo bem municiado
Desde o mais velho ao mais moço
Tinha um lenço no pescoço
Preso num laço amarrado

Compunha-se o armamento
De fuzil, rifle e punhal
Cartucheira na cintura
Medonha e descomunal
Conduzindo muitas balas
Ninguém podia contá-las:
Dizia assim o jornal

A maioria dos homens
Que compõe-se o pelotão
São filhos de Pernambuco
Bem do centro do sertão
Os de Pageú de Flores
que também são defensores
Do valente Lampião

Um deles chama-se Gaio
Dizem que luta com três
Pela fortidão parece
Ser filho de holandês
Diz que tem vinte e dois anos
E é um dos pernambucanos
Que nunca entrou no xadrez

Tem só dois homens casados
No grupo de Lampião
O mais é tudo solteiro
Mostrando satisfação,
Se entram em certo perigo
Porém faz muitos amigos
Por todo aquele sertão

De todos não tem um só
Que se mostre arrependido
Embora que da polícia
Vivem sempre perseguidos
Dizia assim um gaiato:
Quem se confia no mato
Vive sempre garantido

Chumbinho é um dos melhores
Do grupo de Lampião
Tem vinte anos de idade
E com boa disposição,
Só se vê ele contente
Narrando constantemente
Seus feitos pelo sertão

Causou admiração
Ao povo do Juazeiro
Quando Lampião entrou
Mansinho como um cordeiro,
Com toda sua regência
Que lhe rende obediência
Por ser leal companheiro

Em Juazeiro hospedou-se
Em casa de um seu irmão
Aglomerava-se o povo
Todo em uma multidão,
Dizendo: "Não está direito
Só vou daqui satisfeito
Quando olhar pra Lampião"

De toda parte chegava
Gente para o Juazeiro
Alguns deles se vestiam
Com as roupas d'um romeiro,
Quem morava no deserto
Vinha pra ver bem de perto
O famoso cangaceiro

Um repórter da gazeta
Com Lampião quis falar
No meio da multidão
Quase não pôde passar
Machucando muita gente
Pôde ele finalmente
Com Lampião conversar

Ali se complementaram,
E começou o jornalista
Da vida de Lampião
Saber por uma entrevista,
Narrou tintim por tintim
Do princípio até o fim
Sem nada perder de vista

Começou logo a conversa
De uma forma animada
Lampião tinha a linguagem
Muito desembaraçada,
Mostrando sua importância
Falando com arrogância
Como quem não via nada

O repórter na conversa
Prestava toda atenção
Gravou na mente o retrato
Bem fiel de Lampião,
O seu perfil natural
De um modo original
Com a maior perfeição

Estatura mediana
O corpo bem comedido
O rosto bastante oval
E queixo muito comprido
Eis os traços principais
Deste que entre os mortais
Tornou-se tão conhecido

Ele traz o seu cabelo
Americano cortado
Traz a nuca descoberta
Usa o pescoço raspado,
Os dedos cheios de anéis
Boa alpercata nos pés
Pra lhe ajudar no serrado

Tinha a calça de bom pano
Paletó de brim escuro
No pescoço um lenço verde
De xadrez e bem seguro
Por um anel de brilhante
Que se via faiscante
Por ter um metal mais puro

Usava óculos também
Pra encobrir um defeito
Moléstia que Lampião
Sofre no olho direito,
Mesmo assim enxerga tudo
Pois no sertão tem estudo
Faz o que quer a seu jeito

O tempo que Lampião
Com o repórter conversou
Conversa que certamente
Mais d'uma hora durou
Conservou-se muito sério
Mostrava com todo império
A fama que conquistou

Não desprezou um momento
Seu mosquetão de Vitória
Aquela sinistra lenda
Pra ele tem fama e glória,
Se julga reconhecido
Que seu dever tem cumprido
Pra ter nome na história

Num tamborete sentado
Lampião só respondia
Às perguntas que o repórter
Com assento lhe fazia,
Sempre de arma na mão
Prestando muita atenção
Ao movimento que havia

Assim naquela atitude
Rosto firme, olhar insano
Quem o visse não dizia
Ser um ente desumano,
Prestava atenção a tudo
Com um caráter sisudo
Parecia um soberano

Suas armas pesam muito
Porém Lampião não sente
Mais de quatrocentas balas
Carrega sobressalentes,
Às vezes dói-lhe o espinhaço
Porque o grande cangaço
Empina ele pra frente

O repórter perguntou
A Lampião sua idade
Tenho vinte e sete anos
Com toda serenidade,
Sinto-me bastante forte
Não tenho medo da morte
Nem fujo da autoridade

Há dez anos me ajuntei
Com o grupo do Pereira
Inda não tive vontade
De abandonar a carreira,
Me dei bem com o negócio
Ainda encontrando um sócio
Não vou fazer esta asneira

Porém quando eu deixar
Esta predileta arte
Da melhor sociedade
Eu tenho de fazer parte,
Aí ninguém mais protesta
Vivo numa vida honesta
Sem usar do bacamarte

O repórter perguntou
Se ele não se comovia
Com os assaltos às fazendas
Usando da tirania
Na propriedade alheia
Sempre de algibeira cheia
Pelos roubos que fazia

Lampião lhe respondeu:
"Não fiz mal a esta gente
Se acaso peço dinheiro
É muito amigavelmente"
No meio da entrevista
Lampião ergueu a vista
De lado viu um tenente

Lampião disse ao repórter
Se acaso eu for derrotado
O meu irmão fica aí
No meu lugar colocado,
A casa está definida
Quem vier tirar-me a vida
Diga que está desgraçado

Ali chegou uma velha
Com uma imagem na mão
O repórter e mais alguém
Prestaram toda atenção,
Disse a velha paciente:
"Eu trago aqui um presente
Pro *coroné* Lampião".

Disse a velha: "Aqui eu trago
Remédio pra sua dor
Guarde consigo esta imagem
E tenha fé no Criador,
Pelo poder do Messias
Inda brigando dez dias
Bala não fere o senhor

Recebeu ele a imagem
Da forma que lhe convinha
Acreditando o milagre
Que a velha disse que tinha,
Pegou um dos seus anéis
E mais um conto de réis
Botou na mão da velhinha

Terminada a entrevista
Falou assim Lampião
Disse para o jornalista:
"Me ofereça um cartão
Seja bom para comigo
Escreva lá um artigo
Pra ver se eu tenho perdão"

O povo do Juazeiro
Todos queriam saber
Ali naquela cidade
Lampião que foi fazer
De fato, a sua presença
Produziu a mais imensa
Dúvida que se pode ter

Dizia o jornal que ele
Andava assim na cidade
Na terra do padre Cícero
Gozando da liberdade,
É porque foi confirmado
Que ele tinha prestado
Serviço à legalidade

Em Cipó de Pernambuco
Estava um combate travado
Por contingentes legais
Com um grupo revoltado,
Se Lampião não chegasse
Que aos legais ajudasse
Tudo estava derrotado

De um batalhão patriota
Da primeira companhia
Do senhor tenente Chagas
Por certo se acabaria,
Se não fosse Lampião
Que se meteu na questão
Até o chefe morria

O combate foi renhido
Foi uma luta de glória
Uma espada da briosa
É o facho da Vitória,
Que Lampião apresenta
Dizendo: "Esta ferramenta
Leva meu nome à história"

Bastante reconhecido
Com este feito guerreiro
O mesmo tenente Chagas,
Como amigo verdadeiro
Trouxe Lampião contente
E entrou com ele à frente
Nas portas do Juazeiro

Foi por sua conta e risco
Que no Juazeiro entrou
Na frente do padre Cícero
Tenente Chagas provou,
Deixando o povo ciente
Que todo seu contigente
Foi Lampião que salvou

Da polícia em Juazeiro
Houve grande oposição
Porque queriam prender
O famoso Lampião,
Não puderam conseguir
Porque precisavam ouvir
O padre Cícero Romão

Em menos de meia hora
Juntou-se uma comissão
Foram conferenciar
Com o padre Cícero Romão,
Temendo alguma censura
Foram exigir a cultura
Do povo de Lampião

Disse o padre: "Nesse ponto
Eu nada tenho a dizer
Falsidade àquele homem
Também não posso fazer
Como é que eu vou maltratar
Quem ajudou a livrar
Nosso povo de morrer?"

Todos olham bem pra ele
Com muito ódio e rancor
"Eu sou chefe da igreja
Dei provas de bom pastor,
Não consinto violência
Tenham santa paciência
Não posso ser traidor"

O que eu posso arranjar
Para não ser censurado
É fazer por onde ele
Só ande aqui desarmado,
E tomo conta do resto,
Faço dele um homem honesto
Pacato e moralizado

João Martins de Athayde

A sorte de uma Meretriz

A sorte de uma meretriz

Não se engane com o mundo
Que o mundo não tem que dar,
Quem com ele se iludir
Iludido há de ficar
Pois temos visto exemplos,
Que é feliz quem os tomar

Doze anos tinha Aulina
Seu pai era fazendeiro,
Casa que naquele tempo
Havia tanto dinheiro
Muitas jóias de valor,
Crédito no mundo inteiro

Aulina, eu creio, não tinha
Outra igual na perfeição,
Parece que a natureza
Carregou mais nela a mão
Pois nela via-se a força
Do autor da criação

Os olhos dela fingiam
Raios do sol da manhã,
O rosto bem regular
Corado como a romã
Parecia que as estrelas,
Queriam chamá-la irmã

Os dedos alvos e finos
Qual teclados de piano,
Quem a visse só diria
Que não era corpo humano
Parecia ser propósito,
Do Divino Soberano

Também tinha tanto orgulho
Que nem aos pais conhecia,
Se julgava saliente
A todo mundo que via
Julgando que todo mundo
A ela se curvaria

Quando inteirou vinte anos
Por si se prostituiu
O pai quase enlouquece
Tanto desgosto sentiu
Porque em toda família
Um caso assim nunca viu

Logo que caiu no mundo
Por todos foi abraçada,
Por as mais altas pessoas
Era sempre visitada
Por fidalgos e militares,
Por todos era adorada

Recebeu logo um presente
De um palacete importante
Com uma mobília sublime
Dada pelo seu amante
A obra de mais estima
A quem se chama elegante

Para sala de visita
Comprou um rico piano,
Quatro consolos de mármore
Um aparador de ébano
Uma cômoda muito rica,
Que só a de um soberano

Ricas cadeiras modernas
Candeeiros importantes,
Jarros de fino cristal
Espelhos muito elegantes
O retrato dela em um quadro
Com quatro ou cinco brilhantes

Um grande damasco verde
A sala toda cobria
Toalha bordada a ouro
Em qualquer quarto se via
Era só de porcelana
Toda a louça que existia

Nem é preciso falar
No quarto onde ela dormia,
Porque já se viu na sala
A riqueza que existia
Agora na cama dela,
Faça idéia o que havia

Durante cinco ou seis anos
A vida dela era assim
A casa era um céu de estrelas
Rodeada de marfim
Vivia ela qual vive
Um beija-flor no jardim

Adoeceu de repente
Não cuidou logo em tratar-se
Julgando que dos amantes
Nenhum a desamparasse
Devido à sua influência
Qualquer medico curasse

Foi vice-verso o seu cálculo
A si só chegaram dores,
Foi perdendo a influência,
Multiplicando os clamores
Não foi mais em sua casa
Nenhum dos adoradores

Pegou logo a empenhar
As jóias que possuía,
Por menos do seu valor
Diversas coisas vendia
E a moléstia no seu auge
Crescendo de dia a dia

No período de dois anos
Gastou o que possuía,
Pegou logo pelas jóias
De mais valor que existia
Sofás, cadeiras e consolos,
Vendeu tudo em um só dia

Os quadros, os aparadores
Pianos, relógios, espelhos
Vendeu-os para curar
Duas fístulas nos joelhos
Já desejava encontrar
Quem lhe desse alguns conselhos

Afinal vendeu a casa
E a cama onde dormia
Era o único objeto
Que em seu poder existia
Ainda um amante vendo
Jamais a conheceria

"Meu Deus", exclamava ela
Vai infeliz meu futuro
Nasci em berço dourado
Para morrer no monturo
Quanta diferença existe,
Da seda para o chão duro

Quantos lordes aos meus pés
Se esqueciam de seus cargos,
Me adoravam como santa
Me mostrando mil afagos
Hoje não vejo nenhum,
Nesses dias tão amargos

Quede os grandes militares
Que não podiam passar,
Três dias numa semana
Sem me virem visitar
E faziam de mim santa,
De meu divã um altar

Nada disso existe mais
Tudo já se dissipou,
As promessas e os presentes
O vento veio e levou
Em paga de tudo isso
Na miséria me deixou

Essas dores que hoje sofro
É justo que sofra elas,
Essas lágrimas que eu derramo
Serão em pagas daquelas
Que fiz gotejar dos olhos
Das casadas e das donzelas

Sinto dores com excesso
Ouço a voz da consciência,
Me dizer: "Filha maldita
Tua desobediência
Clamará perante a Deus,
E pedirá providência"

Ela em soluços exclamava:
"Meu Deus, tende compaixão,
Nega-me tudo na vida
Mas me alcançai o perdão
Santíssima Virgem, rogai,
Pela minha salvação"

Que cobertores tão caros
Já forraram meu colchão,
Que cortinas de seda
De grande admiração
Hoje não tenho uma estopa
Que forre aqui esse chão

Ricos vestidos de seda
Lancei muitos no monturo,
Saias ainda em estado
Camisa de linho puro
Não pensava na desgraça
Que vinha para o futuro

Minha mesa nesse tempo
Tinha de tudo que havia,
Só mesa de um personagem
De alta categoria
Hoje o resto de uma sopa
Quando agora me servia

Peço esmola a quem passa
Esse nem me dá ouvido,
Quem outrora me adorava
Não ouve mais meu gemido
Passa por mim torce a cara,
Se finge desconhecido

Eu era como uma flor
Ao despontar da manhã
Representava outrora
Aquela deusa louçã
Meus amantes perguntavam,
Se a lua era minha irmã

As majestades chegavam
Antes da celebração,
Humildes como um escravo
Me faziam saudação
Como se a render-me culto
Seria uma obrigação

O Exército e o comércio
A arte e agricultura,
Todos me ofereciam
Seu afeto de ternura
Tudo vinha admirar
Minha grande formosura

Mas eu vivia enganada
Com essas tristes carícias,
Eu bem podia saber
Que o mundo não tem delícias
É um gozo provisório,
É um cofre de malícias

Donzelas eis o exemplo
Para todos que estão vendo,
Não me viram há poucos dias
Como o sol que vem nascendo?
Já estou aqui no chão,
Os tapurus me comendo

Ah! meu pai se tu me visse
Nessa miséria prostrada,
Embora que vossa face
Foi por mim injuriada
Talvez que ainda dissesse:
"Deus te perdoe, desgraçada"

Ah! minha mãe carinhosa
Se eu agora te abraçasse,
Inda com essa agonia
Talvez que me consolasse
E antes de partir do mundo,
Essa sede saciasse

Sinto o soluço da morte
Já é hora de partir,
Peço ao meu anjo da guarda
Para comigo assistir
Porque temo que o demônio,
Não venha me perseguir"

Uma velha caridosa
Trouxe água, ela bebeu,
Matou a sede que tinha
E graças a Jesus rendeu
Erguendo os olhos ao céu,
Nesse momento morreu

A chegada de João Pessoa no céu

Parti pelo espaço em fora
Cortando os ares ligeiro
E levando presa aos ombros
A viola de troveiro;
Das nuvens rasguei o véu
Dessa vez eu fui ao céu,
Num vôo direto e certeiro

Não se admire o leitor
De um trovador voar,
Pois seu pensamento sempre
Vive no espaço a vagar;
Se alguém duvidar de mim
Embarque num Zepelim
E vá no céu indagar

Quando estava em grande altura
O meu vôo interrompi
Um palácio magnífico
Então no espaço vi,
Mil trombetas entoando
Hinos de glória cantando
Muitos arcanjos ouvi

Tinha grandes dimensões
Como uma grande cidade,
Num trono maravilhoso
Estava sentada a Verdade;
Em cima muito brilhante
Vi bem claro e flamejante
A palavra "Eternidade"

Seduzido pelo canto
E pela grande beleza
De tudo que ali via
Me aproximei com presteza
E presenciei então
A uma recepção
Para mim grande surpresa

Chegava ao céu neste instante
Uma alma heróica boa
Uma legião de anjos
Lhe acompanha e entoa
Lindos cânticos anunciando
Que ao céu ia chegando
A alma de João Pessoa

São Pedro abriu-lhe a porta
Veio fora o receber
E pegando-o pelo braço
Levou-o a comparecer
Ao supremo tribunal
Aonde o bem e o mal
Sua recompensa irão ter

Cheguei-me ao velho porteiro
Com gestos mui respeitosos
Pedi-lhe: "Deixe-me entrar
Ver esses cantos formosos"
Ele a entrada cerrou
Pra o sereno me mandou
Que é o lugar dos curiosos

São Miguel que é meu padrinho
Tendo queixa do porteiro
Desde que o velho tomou-lhe
O seu lugar de chaveiro
Me arranjou um lugar
De onde pude observar
E ver a festa o dia inteiro

Vi então como um júri
Mas num trono luminoso
Sentado o juiz dos juízes
Deus Pai, Todo Poderoso
O julgamento presidia
Ao lado a Virgem Maria
Com o seu semblante formoso

Na tribuna da defesa
Estava o Espírito Santo
Cristo o filho de Deus vivo
Noutro trono com um manto,
O ódio, a inveja, o mal,
Também tinham um local
Estavam ali num recanto

Em torno da mesa estavam
A justiça, honra, o dever,
A razão, a honestidade,
A consciência e o saber
E mais além muito calma
Estava sentada a alma
Que ia ao júri responder

Era João Pessoa que então
Ante o Todo Poderoso
Curvou-se humildemente
E lhe disse: "Pai bondoso
Bem sabeis o quanto fiz
Julga-me reto juiz
O mundo é falso e enganoso"

E fitando-lhe ternamente
Disse-lhe o meigo pastor:
"Sou o pai de misericórdia
Sol da justiça e do amor
Ouço lágrimas, gemidos,
Sou o Deus dos oprimidos
Fala, filho, sem temor"

João Pessoa levantou
A sua fronte e então
Por todo âmbito celeste
Correu um grande clarão,
Clarão divino e bendito
Brilhando no infinito
Como o sol pelo verão

"Pai! se na terra lutei
Não verti sangue de irmão
Lutei ao sol da justiça
Com a vossa lei na mão
Lutei pela integridade
Pela honra e honestidade
Justiça foi meu brasão

Lutei a favor do fraco
Fui de encontro ao opressor
Nunca empreguei a violência
Contra o justo ou pecador;
Minha lei foi a clemência
Pra todos tive indulgência
Ao meu próximo tive amor

Pai! meu peito só alberga
Misericórdia e perdão
Perdoei meus inimigos
Pois nasci e morri cristão:
"Chagas cruéis, cruéis dores
Para mim são outras flores"
Meu inimigo é meu irmão

Deram-me a toga, honrei-a,
Não a manchei com vilezas;
Nunca o suborno, a opressão
Obrigaram-me a baixezas;
Nunca ao forte me curvei
Defendi a tua lei
Jamais cedi a torpezas

Caluniaram-me meu pai
Como fizeram a teu filho
Da minha toga humilde
Quiseram manchar o brilho;
Mas do vosso ensinamento
Não me afastei um momento
Sempre andei por esse trilho

Nasci numa terra pequena
Pela seca devastada
Mas o povo em tudo via
Vossa vontade e mais nada;
E pelo sol requeimado
Essa gente ajoelhada
Venera a Virgem Sagrada

Contra meus gestos humildes
Esse povo me aclamou
E as rédeas de seu governo
Nas minhas mãos entregou;
Eu com o povo governei
Do povo não me afastei
Se errei o povo apoiou

Fazer "maior bem possível"
Foi sempre minha intenção
Guiei-o para o progresso
Não preguei subversão
Preguei-lhe lei e direito
E estimulei-lhe no peito
Honra, civismo e ação

Fiz esse povo vibrar
De amor por seu torrão
Mandei ensinar a seus filhos
A santa religião
Se errei tende piedade
Errar é da humanidade
E a lei do bom é o perdão

Os filhos que vós me destes
Na vossa lei os criei
Junto à miséria alheia
Compadecido chorei
Dei roupa aos esfarrapados
Trabalho aos desempregados
Muitas lágrimas enxuguei

Fiz que nos cárceres entrasse
A vossa religião
Levando aos infelizes
Fé e regeneração
Pai! eu fui justo e honrado
E o dinheiro do Estado
Não comi, não fui ladrão

Se lancei alguns impostos
O fim desculpava o meio
Foi pra salvar meu estado
Dum fracasso horrível e feio;
Nunca devi a ninguém
Meu viver mancha não tem
Jamais me apossei do alheio"

Levantou-se a inveja
No papel do promotor
Disse: "Sempre espalhastes
Revolução e pavor
Mandaste prender, roubar,
Teus inimigos saquear,
Tua lei foi o terror"

Responde então a verdade:
"Protesto em nome do Eterno
A mentira aqui não entra
Retira-te para o inferno;
Mentes descaradamente
Contra o justo, o inocente,
Não tem poder o Averno"

Gritou o ódio iracundo
(Querendo interromper):
"Este homem é um malvado
Foi quem fez a guerra arder
E deste sangue derramado
É ele o único culpado
Por isso irá responder"

Disse a justiça: "É falso
Cala-te louca ambição
A ele não cabe a culpa
De sangue e revolução
Os verdadeiros culpados
Foram os grandes malvados
Cujo ódio é um vulcão

Retira-te ódio, é demais
Teu semblante no recinto"
O mal então dando larga
À baixeza, ódio instinto,
Mentiu e caluniou
A língua torpe ladrou
Como um triste cão faminto

Depois do mal ter falado
Levantou-se João Pessoa
Disse aos três: "Não conheço
Tristes a errar à toa
Procurando, os desgraçados
Infelizes em quem o brado
Da lei de Deus não ressoa

Quanto ao mal só pelo nome
É que eu o conhecia
E quando caí ferido
Pela sua covardia,
Quando aos berros gritou:
'Conheces o mal? Eu o sou'
Sorrindo então eu morria"

Do recinto foram expulsos
A inveja, o ódio e o mal
Falou então a justiça
Entre outras coisas afinal
E disse: "Irmão, ficarás,
E recompensa terás,
No reino celestial"

A consciência falou:
"Justo foste em tua vida
O mundo é pequeno, é vil
A humanidade é perdida
Tua alma pura de cristal
No reino celestial
Será bendita, acolhida"

Falou a honestidade
E disse: "Justo varão
Unicamente teu crime
Foi não ter sido ladrão
No reino de Deus amado
E pelos anjos adorado
Ficarás em união"

A honra disse também:
"Paladino da nobreza
Tua alma jamais cedeu
À corrupção da riqueza
Vencido por garra adunca
Porém humilhado nunca
Terás da glória a grandeza"

O dever falou assim:
"Mártir duma causa nobre
É ditoso o firmamento
Que os teus despojos cobre
À palavra não faltaste
Teu sangue sacrificaste
Em defesa do homem pobre

Por amigos "solidários"
Traído e abandonado
Lutaste só até que um dia
Caístes assassinado
Jamais domou-te a descrença
No céu agora a recompensa
Por seres justo ou honrado"

A Razão falou também:
"Teus inimigos não sabiam
Que te prostrando na Glória
Subir-te à gloria fariam
Do Brasil és um padrão
Morto não te vencerão
Vivo não te venceriam

Depois que todos falaram
Falou também o saber:
"Esse homem sábio e prudente
Jamais faltou ao dever
Teve também seu calvário
Cumpriu um cruel fadário
Pelos homens quis morrer

Foi uma vítima na terra
De ódio e perseguições
Só governou com justiça
Não teve contradições
Fez um governo que é novo
Foi do povo e para o povo
Não pôs a pátria em leilões"

Chegou a vez do juiz
Fez-se silêncio e então
Disse o pai amantíssimo:
"Filho de meu coração
Vinde a mim escolhido
O céu te foi prometido
Na primeira geração"

E assim ficou no céu
Aquela alma pura e boa
A glória astral de seu nome
Por todo espaço ressoa
Na terra desconsolado
Geme o povo contristado
Relembrando João Pessoa

Estava terminada a festa
Eu fui a outro lugar
Aí tudo era terrível
Só se ouvia praguejar;
Era uma fornalha ardente,
Via-se o ferro candente,
Sob o malho ressoar

Havia muitos ferreiros,
Ocupados em forjar,
Umas cadeiras bem feitas,
De encosto e espaldar;
Porém era ferro em brasa,
E disseram-me: "Nesta casa
Vem gente boa morar"

Aquilo era o inferno,
Não pude mais duvidar,
Vi então um diabinho
Que começou a me explicar
Que aquelas grandes cadeiras,
Era o prêmio das roubalheiras,
Duma "bancada" sem par

Me disse mais o diabinho
Cadeiras grandes tem duas,
A "bancada" encomendou
Aquelas cinco são suas;
Tem uma de senador,
E outra de desembargador,
Dos Tapiocas e Gazuas

Vi no centro um cozinheiro,
Fazendo um estranho café,
Era chumbo derretido
Perguntei: "Para quem é?"
Ele disse: "É segredo"
E apontou com o dedo
O nome dum *coroné*

Tinha ali um grande pátio
De fogo todo cercado
Disse-me o diabo: "Aqui,
Está sendo muito esperado
Um rei truão e maluco,
Que armado dum trabuco
Fez da Princesa um estado"

Mostrou-me um prego comprido
Onde há de ser pendurado
Pelas orelhas unzinho,
Que lá é advogado;
E nunca encontrou uma causa
Estamos fazendo uma pausa,
Pois ele está pronunciado

Nisso entra Satanás
De grande número acompanhado
Ao ver tão grande séquito,
Fiquei bastante espantado
Era um enorme barulho
Na mão trazia um embrulho,
Que me entregou com cuidado

Com muita delicadeza,
Ele disse: "Por favor
Quando for pra sua terra
Dê isso lá ao doutor"
E disse um nome conhecido;
Eu fiquei estarrecido,
Tremi até de pavor

Nisso Satanás mostrou-me,
Todos os apartamentos,
Disse: "Muitos estão alugados
A gente de conhecimento;
São meus sócios e camaradas
As camas estão preparadas
E chegam a qualquer momento

Nisso ouvi um alarido,
Chegava uma multidão
Esfarrapados, sangrentos
Manchas de sangue na mão,
Na frente vinha um chacal;
Com um riso bestial,
Parecia um furacão

Traziam escritos na testa
Ladrões, vis e assassinos;
Era um conjunto terrível,
De instintos negros ferinos;
Do sangue humano manchados
Como lobos esfaimados,
Traziam o focinho canino

Um dizia: "Eu menti",
O outro: "Eu caluniei",
O outro: "Os votos do povo,
Eu descarado roubei,
Fiz uma grande opressão
Decretei intervenção,
E ao povo trucidei"

Mais feroz que os outros todos,
Levantou-se um esfarrapado,
Gritou: "Matei indefeso,
Um homem inerme e sentado;
No seu sangue me espojei,
Sem vida em terra o prostrei;
Com fúria de um condenado

Imediatamente eu vi
O Satanás agarrá-lo,
E numa cova de fogo,
Nas profundezas jogá-lo;
Berrava como mordido,
Seu corpo estava roído,
E vi o fogo devorá-lo

Eu estava aperreado
Procurando uma saída
O Satanás empurrou-me,
Com uma raiva incontida
No espaço arremessou-me
A violinha quebrou-me
Com a pressa da descida

Quando eu vinha pelos ares
Uma pessoa me chama,
Depois eu vi que morria
Me segurei numa rama,
Fazia um frio danado
Eu vi que tinha sonhado
E no sonho caí da cama

A moça que foi enterrada viva

Nos sertões de Teresina
Habitava um fazendeiro,
Era materialista
Além disso interesseiro
Só amava a duas coisas
Homem valente e dinheiro

Era quase analfabeto
Ostentava o fanatismo
Mostrava grande afeição
Pelo imperialismo
Ele era um potentado
Nos tempos do carrancismo

Como era muito rico
Confiava em sua sorte
Era o temor dos sertões
Naquela zona do Norte
Que o que quisesse fazia,
Ainda encarando a morte

Vivendo como casado
Na mais perfeita harmonia
Tinha quatro filhos homens
Todos em sua companhia
Tinha uma filha moça,
Por nome dona Sofia

Esta moça era a caçula
Vinte e um anos contava,
Os irmãos eram mais velhos
Mas nenhum se emancipava
Só era dono de si
No dia que se casava

O velho não se importava
De fazer revolução,
Para sustentar capricho
Ou vingar sua paixão
Seus filhos também seguiam
Nessa mesma opinião

Quando ele conversava
No meio de muita gente
Dizia: "Tenho uma filha
É uma moça decente
Porém só casa com ela
Quem for um bicho valente"

Com poucos dias depois
A notícia se espalhava,
Qualquer um rapaz solteiro
Que na estrada passava
Já ia com tanto medo,
Pra fazenda nem olhava

Sofia se lastimava
Dizendo: "Até onde vai,
Este meu padecimento
Sem se ver de onde sai
Eu hei de ficar solteira,
Pra fazer gosto a meu pai?!"

Depois enxugou as lágrimas
Que banhavam o lindo rosto
Dizia: "Eu encontrando
Um rapaz moço e disposto
Eu farei com que meu pai
Passe por esse desgosto"

Um rapaz sabendo disto
Se condoeu da donzela
Vendo que não encontrava
Outra moça igual àquela
Um dia determinou-se
Dizendo: "Vou roubar ela"

Escreveu logo um bilhete
Dizendo: "Dona Sofia,
Eu ontem fui sabedor
Do que a senhora sofria
Fiquei muito indignado
Pois lhe tenho simpatia

Conheço perfeitamente
Que vou entrar num perigo
Porque seu pai conhecendo
Torna-se meu inimigo
Basta saber que a senhora,
Pretende casar comigo

Eu sou um rapaz solteiro
Não tenho conta a quem dar
Responda este bilhete
Pra eu me desenganar
Se me aceita como esposo,
O jeito eu vou procurar"

Sofia mandou o sim
Pela manhã muito cedo,
Fazendo ver a seu noivo
Que de nada tinha medo
Queria falar com ele,
No outro dia em segredo

O moço aí preveniu-se
De um punhal e um facão,
Pistola boa na cinta
Cartucheira e munição
Seguiu pra casa do velho,
Porém com boa intenção

Encontrou uma criada
Com um candeeiro na mão,
Perguntou-lhe: "Onde é o quarto
Da filha de seu patrão?"
Diz ela: "Ao lado esquerdo
Pela porta do oitão"

A noite era muito escura
Por ali ninguém o viu,
Ele tanto pelejou
E tanto se retraiu
Que entrou no quarto da moça
E o velho nem pressentiu

Foi entardecendo a noite
Acabaram de cear,
Quando a moça entrou no quarto
Para se agasalhar
Foi avistando o rapaz,
Ficou sem poder falar

O rapaz muito ligeiro
Pegou ela pela mão,
Porém com muito respeito
Contou-lhe sua intenção
Dizendo: "Eu arranjo tudo,
Sem precisar de questão"

Assim passaram a noite
A moça muito assustada
Quando amanheceu o dia
Por sua mãe foi chamada
Para cuidar dos trabalhos,
Como era acostumada

O rapaz ficou no quarto
Do povo se ocultou,
Quando botaram o almoço
Então a moça voltou
De parelha com seu noivo,
Ao velho se apresentou

O rapaz saiu do quarto
Seu rosto não demudava,
Fincou o punhal na mesa
Dizendo se aproximava:
"É este o homem valente!...
Que o senhor procurava?"

Sou eu, seu futuro genro
Que amo a esta donzela,
Tudo isso que já fiz
Não é criticando dela
Embora me custe a vida,
Só me casarei com ela!"...

O velho conheceu logo
Que não tinha jeito a dar
Correu a vista nos filhos
Como quem quer avisar
Aí todos convidaram
O moço para almoçar

Ele aceitou o convite
Porque tinha precisão
Disse o velho mansamente:
"Entre nós não há questão
Precisamos fazer logo,
Toda esta arrumação

O senhor vá para casa
Veja que falta arrumar,
Arrumação para a noiva
Eu também vou aprontar
E o senhor no dia quinze,
Venha para se casar"

Assim que o rapaz saiu
O velho chamou Sofia,
Dizendo: "Filha maldita
Quem te deu tanta ousadia?
Me obrigaste a fazer
 O que nunca pretendia!"

Aí gritou para os filhos,
Dizendo de cara dura:
"Agarrem esta maldita
Prendam ela bem segura
E vão no quarto do meio
Cavem uma sepultura"

Naquele mesmo momento
Sofia foi amarrada,
Para o quarto que estava
A sepultura cavada
Aonde a triste donzela
Havia de ser sepultada

Reuniu-se em roda dela
Toda aquela comitiva,
O pai, a mãe, os irmãos
Por infame tentativa
Condenaram a pobre moça
Para sepultarem-na viva

Naquela situação
Que estava a pobre Sofia,
Pedindo ao pai, em soluços,
E o velho não atendia:
"Meu pai, não me mate hoje
Deixe eu viver mais um dia!"

Sofia se lastimava
E o velho não dava ouvido,
Depois disse para ela:
"Nada vale o seu pedido
A senhora está passando
Da hora de ter morrido"

Sofia disse: "Meu pai
Tenha de mim compaixão
Mande chamar o vigário
Pra me ouvir em confissão
Talvez que por este meio
Eu possa alcançar perdão!"

"A senhora em parte alguma
Podia ser perdoada,
Não há sentença bastante
Para filha excomungada
Quem fez o que você fez
Só paga sendo queimada"

O velho zangou-se e disse:
"Não quero mais discutir
Palavras de sua boca
Não pretendo mais ouvir
Siga; entre para a cova,
Para eu mandar entupir"

Aí botaram Sofia
Pra dentro da cova escura,
O buraco foi cavado
Com dez palmos de fundura
Que sofrimento tirano
Desta infeliz criatura

O velho como uma fera
Mandou ela se deitar
Ela na ânsia da morte
Começou logo a gritar
Pedia aos outros: "Me acudam
Que meu pai quer me matar!"

O velho era malvado
Pior que o Satanás
Pegou Sofia dizendo:
"Veja bem como se faz!"...
Botou-lhe terra por cima,
Até que não gritou mais

Aí seguiram para a sala
Ele, os filhos e a mulher
Dizendo: "Estou satisfeito
Vou esperar o que houver
Só fica mais perigoso,
Se o noivo dela souber"

Logo preveniu-se tudo
Contra o noivo de Sofia
Nisto bateram à porta
Mandaram ver quem batia
Era o rapaz noivo dela,
Porém de nada sabia

O velho disse pra ele:
"O senhor de onde vem?
Minha derrota está feita
Aqui não me sai ninguém
Matei sua noiva agora,
E o senhor morre também"

Aí partiu para ele
Como uma fera assanhada,
O rapaz negou-lhe o corpo
E deu-lhe uma punhalada
O velho caiu gritando
Não pode mais fazer nada

Reuniu-se contra ele
Os quatro irmãos de Sofia,
Atirando à queima-roupa
Mas nem um tiro atingia
E ele os poucos que dava,
Lá um ou outro perdia

Com meia hora de luta
Estava tudo sem ação,
Os quatro irmãos de Sofia
Dois morreram na questão
Um correu espavorido
E outro ficou no chão

O rapaz ficou sozinho
Porém já muito ferido
Quando foi passando a porta
Ouviu um grande gemido
Diz ele: "Talvez Sofia
Inda não tenha morrido"

O rapaz muito ferido
Conhecendo que morria,
Seguiu pela casa adentro
Procurando quem gemia
Acertou logo no quarto,
Onde enterraram Sofia

No mesmo canto encontrou
A alavanca e a enxada
Os ferros que tinham sido
A dita cova cavada
Com eles tirou Sofia,
Quase morta asfixiada

O leitor preste atenção
Sofia foi arrancada
Não morreu por um motivo
A cova não foi socada
Só fazia quatro horas,
Que tinha sido enterrada

O rapaz muito doente
Ainda conduziu Sofia
Pra casa de sua mãe
Que nada disso sabia
A velha quando viu ele
Quase morre de agonia

Não fazia dez minutos
Que o rapaz tinha chegado,
Na casa de sua mãe
Quando recebeu um recado
Pelo irmão de Sofia
Ia ser assassinado

Disse o rapaz a Sofia:
"Me acabo aqui mas não corro
Já estou muito ferido
Desta conheço que morro
E também não me sujeito
Gritar pedindo socorro"

Aí ele pediu à mãe:
"Veja as armas que aí tem
O bacamarte, a espingarda
E a pistola também
E corra para bem longe
Porque o povo já vem"

A velha morta de medo
Trouxe as armas e entregou
Traspassada de agonia
Chorando o abençoou
Temendo a morte fugiu
Porém Sofia ficou

O rapaz entrincheirou-se
Bem na porta da entrada
Sofia estava por tudo
Não se temia de nada
Foi botar o seu piquete
Atrás pela retaguarda

Sofia triste pensando
Tão depressa se acabar
Conhecendo que morria
Talvez antes de casar
Quando levantou a vista
Foi vendo o grupo chegar

O rapaz que estava pronto
Com o seu revólver na mão
Amparou-se num portal
Enfrentou o pelotão
Cada tiro era um defunto
Que embolava no chão

Sofia na retaguarda
Inda emparelhou seis
O bacamarte era bom
Certa pontaria fez
Quando puxou o gatilho,
Caiu tudo de uma vez

Entrou um pela janela
Sofia não pressentiu
O rapaz estava lutando
De forma nenhuma o viu
Atirou nele nas costas
Que o pobre rapaz caiu

Aí pegaram Sofia
Que não podia escapar,
Cortaram todo cabelo
Mandaram os olhos furar
Depois penduraram ela
Dizendo: "Vamos sangrar"

Sangraram devagarinho
Pra inda mais judiar
Antes da moça morrer
Eles foram retalhar
Em pedaços tão pequenos
Que não puderam enterrar

Quem me contou esta história
Foi um rapaz muito sério
Foi testemunha de vista
Daquele caso funéreo
Os corpos foram levados
Num cesto pro cemitério

O mundo está corrompido
O erro vem de atrás
Muitos acontecimentos
De resultados fatais
Só acontecem com as filhas
Que vão de encontro aos pais

João Martins de Athayde

As Quatro Classes Corajosas

VAQUEIRO, AGRICULTOR, SOLDADO e PESCADOR

VENDA na Rua do Rangel n° 184
Preço 300 reis — RECIFE

**As quatro classes corajosas:
vaqueiro, agricultor, soldado e pescador**

Tenho ouvido alguém dizer
Sem ver que eu estou presente:
"José Camelo não presta,
Porque só fica contente
Quando mete a língua dele
Contra esse, ou contra aquele
Inda sendo um seu parente"

Pois bem, se eu prestei estudos
Para ser ruim demais
Sou quem conheço os viventes
Ruins, pois são meus iguais
E o ruim que detesta
Falar mal de quem não presta
Inda mais ruim se faz

De gente ruim eu falo
Mas de gente boa não;
Portanto vou nestes versos
Fazer uma exaltação
Às quatro classes que eu vejo
Que merecem sem gracejo
Honras pela profissão

São quatro classes, já disse,
Porém me é necessário
Mencionar quais são elas
Neste verso voluntário:
Vaqueiros, agricultores,
Soldados e pescadores;
Destes não serei contrário

São quatro classes, porém
Vou falar primeiramente
Sobre a classe dos vaqueiros
Fazendo ao mundo ciente
O quanto são valorosos
Ou por outra corajosos
Honrando a sua patente

O vaqueiro é um herói
Que não tem amor à vida
Pois inda encontrando a morte
Na frente de foice erguida
Antes da morte matá-lo
Ele lhe atira o cavalo
E ela fica estendida

O vaqueiro não tem medo
De pegar um mulo bravo
E montar-se em cima dele
Até fazê-lo um escravo
E se o mulo der-lhe um coice
Aí diga que danou-se
Porque lhe paga o agravo

O vaqueiro não tem medo
De se montar num cavalo
E correr atrás d'um boi
Num mato fechado ou ralo
Pulando todo riacho
E se for de serra abaixo
Para ele é um regalo

O vaqueiro atrás de um boi
Não respeita quixabeira
Nem jurema, nem urtiga
Nem macambira rasteira
O pau bate o sangue sai
Ele tomba mas não cai
E continua a carreira

Quem nunca viu um vaqueiro
Correndo dentro do mato
Talvez julgue qu'eles tenham
Pela vida algum precato
Porém quem vê-los correndo
Garanto ficar dizendo
Que o que eu digo é muito exato

Já tenho visto vaqueiro
Correndo em mato fechado
Em lugar onde não pode
Passar sequer um veado
Porém ele na carreira
Deixa o mato como esteira
E já não fica engalhado

Faz medo ouvir-se de perto
O estalo da madeira
Produzido pel'um boi
E um cavalo na carreira
Parece uma tempestade
Com sua temeridade
Numa montanha altaneira

Além do vaqueiro ter
Força, destreza e coragem
São homens respeitadores
E não gostam de vantagem
Por isto gentes de bem
Sempre para eles tem
Um sorriso de homenagem

Numa "corrida" qualquer
Onde esteja muita gente
Os vaqueiros são os homens
Pra quem se olha somente
E as moças mais bonitas
Muitas vezes compram fitas
E lhes mandam de presente

Pois o homem que derriba
Escanchado num cavalo
Um touro de vinte arrobas
Deve o mundo admirá-lo
Por isto as moças sem pena
Já para pagar-lhe a cena
Lhe dão fitas, com regalo

Devido à mulher ser fraca
Possui com ela o bom gosto
De agradar e namorar
A todo homem disposto
Mas ao homem moleirão
Ainda sendo um barão
Ela lhe cospe no rosto

Por isto sempre os vaqueiros
Devido à sua coragem
São queridos das mulheres
Por esta perfeita imagem
Feita pelas mãos de Deus
Por isto é que os filhos seus
Lhe rendem tanta homenagem

Já falei sobre os vaqueiros,
— Classe muito valorosa —
Agora posso falar
Noutra classe corajosa
Que são os agricultores
— Classe que merece flores
Por ser muito proveitosa

A classe de agricultores
É quem traz o mundo em pé;
Pois é quem tira da terra
O açúcar e o café
O trigo, o milho, o feijão
A farinha e o algodão
E ninguém diz que não é

Tira também a batata
O arroz, a rapadura,
O inhame, a macaxeira,
Coco e fumo com fartura;
A laranja, o suanaz,
A cebola e tudo mais
Que pertence à agricultura

Portanto o agricultor
Merece muito conceito
Porque só ele é quem tem
Disposição, força e jeito
Já para tirar do chão
A rica alimentação
Que traz o mundo direito

Quem olhar para o serviço
Que o pobre agricultor faz
Achará que ele possui
Força e coragem demais
Pois vê que ele em seu trabalho
Inda encontrando um engalho
Já nunca dá para trás

O agricultor não teme
Marimbondo nem formiga
E não respeita o espinho
Desde o cardo à urtiga
Também a cobra não teme
Qualquer lacrau ele espreme
E lhe rebenta a barriga

O agricultor não teme
A chuva, o sereno, o frio,
O sol quente para ele
É um pó-de-arroz macio
O vento não lhe faz medo
Pisa na lama bem cedo
E não procura desvio.

O agricultor não teme
Derrubar um mato grosso
Onde existem baraúnas
Já tão duras como um osso;
Pois seu machado de aço
Já não encontra embaraço
Quando vai fazendo um roço

O agricultor não teme
Descalço, andar no chão quente
Pois inda o chão lhe queimando
Não se mostra impaciente
E quando às vezes se corta
Ele calado suporta
A dor que seu corpo sente

Portanto o agricultor
É uma mola de aço
Que movimenta este mundo
Sem encontrar embaraço
E quem disser o contrário
Se não for um arbitrário
É ruim, vil e devasso

Além da grande coragem
Que tem o agricultor
É dotado de ternura
De paciência e amor
Tem muita perseverança
Fé e grande confiança
No nosso Deus criador

Pois se a lagarta lhe come
Sua lavoura primeira
Ele não se desanima
E sem menor choradeira
Planta outra satisfeita
Mostrando gosto perfeito
Inda estando em quebradeira

E logo assim que lhe chega
Milho e feijão com fartura
Ele em vez de orgulhar-se
Coitado, ainda procura
Mandar para quem não tem
Feijão, milho, arroz também
Ou outra qualquer verdura

E quando bota nas feiras
Sua farinha ou feijão
O fiscal inda lhe diz
Que ele não venda em porção
Pois se vender "atacado"
Será logo castigado
Como que seja um ladrão

Portanto o agricultor
Se não fosse tão disposto
Não trabalharia mais
Tomado pelo desgosto
De ver um fiscal mandar
No que é seu, sem trabalhar
Já além do grande imposto

Mas como o agricultor
É dotado de coragem
Continua trabalhando
Coitado!... como um selvagem,
Exposto ao sol ardente
À chuva e à terra quente
Ao sereno e à friagem

Já falei sobre o prestígio
Do agricultor; agora,
Vou falar sobre o soldado
Pois preciso nesta hora
Dizer: que o soldado é
Quem traz a justiça em pé
Neste nosso mundo em fora

O soldado é um amigo
Que não teme combater
Defendendo a vida alheia
Já sem pensar em morrer
Pois entrando em luta forte
Troca a vida pela morte
Muitas vezes com prazer!

O soldado é quem defende
A honra da casa alheia
É quem leva o assassino
Para os quartos da cadeia;
É quem prende o cachaceiro
Malcriado e desordeiro
Quando ao sossego aperreia

O soldado é quem combate
Os grupos de cangaceiros
Que vivem martirizando
Os incautos fazendeiros
É quem prende o sedutor
O gatuno e o roubador
E chefes de bandoleiros

O soldado é quem garante
O sossego d'uma feira
Para não haver barulhos
Onde haja bebedeira
Pois onde não há soldado
Todo ébrio anda armado
E briga por uma asneira

O soldado, é ele quem
Defende o fraco do forte
Entrando dentro das lutas
Ainda enxergando a morte
Já nunca mostra fraqueza
Ainda tendo a certeza
Que a luta lhe rouba a sorte

Muita gente neste mundo
Ainda diz com orgulho
Que não gosta de soldado;
Mas haja em casa um barulho
E lhe apareça um soldado
Que há de pedir-lhe ajoelhado
Que ele acabe aquele embrulho

Pois um soldado sozinho
Faz tremer dois valentões
Faz chorar três cachaceiros
E correr quatro ladrões
Faz calar cinco insolentes
Faz fugir seis renitentes
Que estejam com questões

Só as vestes d'um soldado
Por si merecem respeito
Pois já está demonstrando
Uma classe de conceito
Uma classe que procura
Com paciência e bravura
Trazer o mundo direito

Inda um homem sendo fraco
Mas se fazendo soldado
Pela bandeira da pátria
Não teme ser fuzilado
Não é como o cangaceiro
Que além de ser desordeiro
Só briga estando emboscado

O soldado inda ferido
Não perde a disposição
Porque deseja cumprir
Sua sagrada missão
Talvez consigo lembrado
Que houve um santo soldado
Que foi são Sebastião

E com esse pensamento
Às vezes muito ferido
Inda procura lutar
E se sai bem-sucedido
Porque no fim da vitória
Grava o nome na história
Como herói destemido

Um galão ganha na luta
Merece ser respeitado;
Pois é como o diadema
D'um santo martirizado
É pois a relíquia santa
Com que o soldado espanta
A quem cometeu pecado

As flores que as moças jogam
Sobre um soldado guerreiro,
Quando volta d'um combate
Valem mais do que dinheiro
Pois aquelas flores são
O mais perfeito galão
Para o herói verdadeiro

Não há quem não tenha gosto
De render uma homenagem
A um soldado fiel
Que se bate com coragem
Em prol da ordem perfeita
Quando a pátria está sujeita
Aos pés da vilanagem

Se não houvesse soldado
Não haveria respeito
Pois todo bruto queria
Trazer o mundo sujeito
Aos seus caprichos malvados;
Mas como existem soldados
O mundo inda vai direito

Portanto os soldados são
Nossos deuses defensores
Pelo qual devemos todos
Por cima jogar-lhes flores
Pois sem eles, todo bruto
Se tornava absoluto
Nos causando dissabores

Já falei sobre os vaqueiros
Agricultores também;
Dos soldados já mostrei
O valor que a classe tem
Portanto vou dar louvores
À classe dos pescadores
Pois acho que me convém

Alguém diz que o pescador
Não tem classe, então por isto
Devo dizer neste versos
Que alguns apóstolos de Cristo
Foram homens pescadores
E mais tarde pregadores
Isto está mais do que visto

Se Cristo, sábio divino
Procurava pescadores
Para companhia dele
E os fazia pregadores:
É porque sabia então
Que os pescadores são
Os mais fortes lutadores

Todo mundo está ciente
Da coragem sem medida
Que o pescador representa
Na sua pesada lida
Bendigo: dentro dos mares
Em perigosos lugares
Onde ninguém fala em vida

Porém como o pescador
Nasceu para não ter medo
Acha que o mar furioso
Não é mais que um brinquedo
Pois se atira sobre as ondas
Vendo visões hediondas
Em quase todo rochedo

E se caso a ventania
Roubar-lhe o mastro e a vela
Ou lhe virar a jangada
Ele fica em cima dela
Depois põe-se a mergulhar
E consegue revirar
A mesma, e volta com ela

Quando chega é quase morto
Na praia aonde pretende...
Depois olha para o mar
Mas com tudo não se rende
Pois na outra madrugada
Naquela mesma jangada
Volta a pescar onde entende

Se caso fisgar um peixe
Que arraste sua jangada
Ele não fica com medo
Porque pra ele isto é nada;
Então se a linha agüentar
O peixe tem que cansar
Porém a luta é pesada

Em cima da terra o homem
Pode saltar e correr
Porém em cima das águas
Isto não pode fazer
Já portanto o pescador
É o maior lutador
Que se pode conhecer

Como o pescador não há
Classe que seja tão forte
Esta certeza foi vista
No Rio Grande do Norte
Por dois homens pescadores
Que dos mares seus horrores
Não os fez pensar na morte

Pois esses dois pescadores
Um do outro companheiro
Subiram do Rio Grande
Para o Rio de Janeiro
Em jangadas de pescar
Isto fez admirar
O nosso Brasil inteiro

Entenderam de assistir
A festa do centenário
Feita em vinte e dois, no Rio:
Mas não tendo o necessário
Para irem num navio
Em jangadas para o Rio
Partiram, sem comentário

Quando chegaram no Rio
Assombrou-se a grande massa
Do povo que ali se achava
E muitas gentes da praça
Já para vê-los corriam
Pois muitos inda entendiam
Que a notícia era uma graça

João Martins de Athayde

discussão de jozé duda com

JOÃO ATHAYDE

Descrevendo todos os nomes proprios
masculinos, todas as aves ou
passaros, todos os peixes
dos rios e do mar.

completa

O autor reserva o direito de
propriedade

A' venda no mercado de S. josé,
Compartimento n. 51.

RECIFE— PERNAMBUCO

**Discussão de José Duda
com João Athayde**

Descrevendo todos os nomes próprios
masculinos, todas as aves ou pássaros
todos os peixes dos rios e do mar.

Zé Duda estava cantando
Uma noite em Limoeiro
Quando bateu oito e meia
Chegou o trem passageiro,
Nesse trem vinha Athayde
Mais outro seu companheiro

Athayde ia chegando
Inda não tinha saltado;
De onde estava Zé Duda,
Chegou depressa um chamado;
Sem falta fosse até lá
Se não estivesse ocupado

Athayde nessa hora
Em nada estava pensando
Seguiu com o portador
Pra ver quem estava chamando
Encontrou na dita casa
Zé Duda velho cantando

Aí o dono da casa
Disse a ele: "Pode entrar"
Mostrando-lhe uma cadeira
Mandou ele se sentar
"Vou dizer qual o motivo
Por que mandei lhe chamar"

Eu sabendo que o senhor
É homem que sempre estuda
Creio que seu repertório,
Na poesia não muda
Quero ouvir uma peleja
Entre o senhor e Zé Duda

"Amigo, é muita verdade
Eu gosto da poesia
Porém isto é diferente
Dos termos da cantoria
É difícil, eu com Zé Duda
Entrarmos numa porfia

Zé Duda rompeu dizendo:
"O nosso amigo é quem quer
Eu não enjeito a parada,
Dê o caso no que der
Previna seu repertório
Pode vir como quiser"

A — É este o primeiro assunto
Pra discutir com você
Descrevendo os nomes próprios
Por meio de um ABC
Sendo todos masculinos
Desde o A até o Z

Z — Aprígio, Alonso, Adriano
André, Afonso, Ambrosino
Alexo, Abel, Anastácio,
Abílio, Adolfo, Agripino
Ambroziolo, Anacleto
Adamastor e Albino

A — Antônio, Augusto, Agnelo
Anselme, Anísio e Adão
Ageu, Alcanjo, Aniceto
Antero, Anito, Abraão
Amon, Assis, Atanásio,
Adalberto, Absalão

Z — Alexandrino, Aristeu
Aureliano e Alvim
Arnobio, Alípio, Argemiro
Amaranto e Aladim
Apolinário, Algiberto
Agapenor, Amorim

A — Batista, Boaventura,
Bianor, Berto e Balbino,
Bartolomeu e Benício
Basílio, Braz e Bertino
Bento, Belo, Bonifácio
Bonaparte e Brasilino

Z — Brocassiano e Berilo
Benedito e Baldoíno,
Belchior, Bruno, Bernardo
Benoni, Barão, Belmino
Belisário e Banderico
Bevenuto e Belarmino

A — Calixto, Cleto e Caim
Cacasseno e Coriolano
Castor, Calino, Conrado
Custódio, Cristo e Caetano
Camilo, Cláudio, Canuto
Constantino e Cipriano

Z — Corinto e Constanciano
Cantídio e Capitulino
Cincinato e Claudimiro
Carmelitano e Carvino
Caro, Cupido e Colombo
Cosmogênio e Carolino

A — Doroteu, Ducas, Davino
Duarte e Deocalião
Domiciano e Deocrécio,
Didiu, Donato e Durão
Deocleciano e Delmiro
Dagoberto e Damião

Z — Com o Dinda soletro,
Damásio e Diamantino,
Divo, Dante e Deodoro
Damiano e Durvalino
Deodato e Domitilo
Durval, Daniel, Delfino

A — Eurico, Egeu, Elisbão
Esculápio e Ernestino
Elói, Edmundo, Elviro
Estácio, Ernesto e Elmino,
Evaristo, Eliotério,
Epitácio, Evangelino

Z — Felinto, Floro, Fiúza
Fabriciano e Faustino,
Felomeno e Ferrabraz,
Faraó, Fábio e Fermino,
Felonilo e Felizardo,
Felisberto e Francilino

A — Com F também soletro
Felesmino e Floriano
Felipe, Frazão e Fausto,
Francisco e Feliciano
Felisberto e Frederico
Furtunato e Fabiano

Z — Gaspar, Genésio e Gonçalo
Gastão, Gustavo e Galdino
Galileu, Golo e Gonzaga
Graciano e Genuíno
Geror, Gilberto, Geraldo,
Godofredo e Guilhermino

A — Com o G também soletro
Getúlio, Gentil, Gusmão
Gregório, Gino e Gonçalves
Giminiano e Galvão,
Grigoriano e Gaudêncio,
Garibalde e Gedeão

Z — Honório, Hugo e Humberto
Herodiano e Hermino,
Hortêncio, Hircano e Horácio
Heliberto e Heroíno,
Heliciano, Hilário
Honorato e Humbelino

A — Com o H inda soletro
Heveu, Henrique e Hermano
Heriseu, Hermenerico
Helianeu, Hortulano,
Herundino, Heleodore,
Hermenegildo, Herculano

Z — Izidro, Inácio, Inocêncio
Irineu, Igo, Itervino
Ivanoel, Izidoro
Itmoneu, Ilissino
Idílio, Ismael, Isaac
Idomeneu, Idalino

A — Josué, Justo e Juvêncio
Justino e Joviniano
Júlio, Joel, Januário
José, Joaquim, Juliano
Jerôncio, Judas, Jacinto
Jazaviel, Jovino

Z — Com o J inda soletro
Jacob, Julião, Juvino
Jesus, Jordão e Jovito
Juvenal e Joventino
Jeová, Jano e Juberto
Juvenciano e Jozino

A — Kapilas, Kean, Kanaris
Ketelaer e Keivino
Kalidaza e Kalakua
Kenuel e Kedovino
Kentigerno e Koributh
Kenibaldo e Kenerino

Z — Leandro, Lídio, Lucrécio
Lucas, Lindolfo, Livino
Lúcio, Lionel, Libânio
Lafaiete e Laurentino
Lactor, Liberal, Lupércio
Luminato e Landelino

A — com L ainda soletro
Lupercino e Lauriano
Leão, Lourival, Liberto,
Lamartine e Luciano
Ladislau, Lívio e Leôncio
Leopoldino e Lusitano

Z — Marco, Militão, Macedo,
Materno, Manso e Miguel
Moisés, Milano, Marinho
Molisberto e Maciel
Mendes, Macário, Mimoso
Maomé e Mizael

A — com M também soletro
Manoel, Modesto, Malvino
Mário, Monetor, Murilo
Mariano e Marculino
Marim, Mourão, Malaquias
Mundoaldo e Minervino

Z — Nazário, Nilo, Noêmio,
Natal, Nicolau, Nabor
Nereu, Nicácio, Nabuco
Nero, Narciso, Nestor
Napoleão, Nazareno
Nascimento e Nicanor

A — Oscar, Olímpio, Ozório
Odorico e Olindino
Olinto, Odilon, Otelo
Ogênio, Orfeu, Osvalino
Otaviano, Olegário
Odeberto e Ormandino

Z — Pedro, Plutão e Pilatos,
Ponciano e Prometeu
Philomeno e Peregrino
Pio, Pacato e Peleu
Polenciano e Prescílio
Pirro, Petrarca e Pompeu

A —— Com o P ainda soletro
Pascoal, Penor e Paulino
Prudente, Paulo, Procópio
Ponsidônio e Pastorino
Putifar, Pires, Patrício
Pantalião, Pergentino

Z —— Com o Q também soletro
Quaciano e Questorino
Quiliano e Quatremero
Questor, Queiroz e Quintino
Quartim, Quevedo, Quixote
Quintiliano e Quirino

A —— Raul, Rafael, Renato
Roque, Rozendo, Rafino
Rangel, Ramiro e Roberto
Renê, Ricardo, Rolino
Ramoaldo e Rigoberto
Renovato e Rosalino

Z —— Com o R ainda soletro
Reno, Raimundo, Roldão
Romano, Rigo, Rogério
Romeu, Rodolfo e Romão
Reginaldo e Roderico,
Renoberto e Rodião

A — Samuel, Silva e Sotero,
Santo, Sampaio e Simão
Salazar, Silo, Sinésio
Severino e Salomão
Salviano e Saturnino,
Sigismundo e Simião

Z — Com o S também soletro
Suzano, Sérgio e Santino
Sansão, Saldanha, Sêneca
Severiano e Salvino
Salomé, Sancho, Saturno
Salustiano e Sabino

A — Tasso, Tomé e Trindade
Thomas e Tertuliano
Tancredo, Teles, Tobias
Toni, Tibárcio, Toscano
Tamandaré, Teodorico
Timoleão e Trajano

Z — com o T inda soletro
Tadeu, Timóteo, Targino
Teotônio, Tigre, Torquato
Taciano e Tributino
Tandile, Teles, Teobaldo
Teodomiro e Tranqüilino

A — Urbano, Urico e Umberto
Unibaldo e Ursulino
Urbiciano e Urquiza
Uriel, Urso e Urbino
Ulipiano, Ubarico
Ubirajara, Ubaldino

Z — Vital, Ventura, Vulcano
Vespaziano e Virgino
Victor, Vicente, Venâncio
Vasco, Vidal, Vitorino
Viracundo e Valdimiro
Viriato e Valdivino

A — com o V também soletro
Virgílio e Vitaliano
Victor, Vilarim, Valente
Virgolino e Veriano
Vilar, Vibaldo, Venero
Venceslau, Valeriano

Z — Para o X não temos nome
Direi aqueles que houver
Xuto, Xenacho, Xafrido,
Xenofanes e Xilander
Xadrias e Xenócrito
Xinodóio e Xavier

A — com o Z também soletro
Zito, Zebedeu, Zulino
Zacarias e Zoroastro
Zoé, Zanor e Zodino
Zambuial, Zino e Zulmiro
Zorobabel, Zifirino

Z — Athayde eu te conheço
Como poeta cantor
Por conhecer tua força
Te peço como favor
Vamos descrever as aves
Do colibri ao condor

A — Pavão, peru e galinha
Pelicano e juriti
Ema, crué e boleira
Piacôco e parari
Cegonha, pombo e curica
Asa-branca e bem-te-vi

Z — Perdiz, ferreiro e tucano
Gaivota e gurinhatã
Cisne, carão e sovela
Sirigaita e araquã
Corvo-marinho e bicudo
Rabo branco e jaçanã

A — Garça, guicé e viúva
Faisão-dourado e condor
Sereno, abutre e marreca
João-de-barro e serrador,
Codorniz, cuco e jandaia
Tico-tico e beija-flor

Z — Jacutinga e margarida
Maracanã e socó
Lira, cauã, solitário
Rabijunco e noitibó
Periquito e papagaio
Patativa e curió

A — Peito-celeste e canário
Cegonha-branca e sofrê
Anabato e jacupemba
Galo-da-serra e gonguê
Barriga-negra e barbudo
Pinta-roxa e zabelê

Z — Grajaú e carrapateiro,
Águia, pompeu e jacu
Fura barreira e pintada,
Avestruz, ganso e nambu
Alfaiate e feiticeiro
Quebra-osso e jaburu

A — Melro, mutum e barreiro
Pardal, montês e guará
Macó, chibé, figo-louro
Jaru, kaci, guaraná
Urubu-rei, palachina
Maçarico e sabiá

Z — Perdigão, pita e gasola
Papa-capim, anagé
Gaio, perrocho e frizada
Água-peca e bambié
Colibri, galo e peitica
Ganso-bravo e caboré

A — Cardeal, corvo e carriça
Largateiro e manequim
Pardal, rouxinol, fragata
Seriema e cujubim
Urubu, gralha e tesoura
Caga-sebo e jacamim

Z — Alma de mestre e gulino
Rola, crió e serão
Trepadeira e saracura
Calafate e gavião
Azulino e mensageiro
Jipi-jipi e mergulhão

A — Perota, polpa e tirano
Luca, xaréu, acará
Anum, pato e favorita
Giva, cocó, biguá
Barba-azul, mocho, araruna
Boa-noite e guanamá

Z — Cagacibito e burguesa
Bacurau, grou e azulão
Uru, caraúna e arara
Concri, coruja e cancão
Andorinha e lavandeira
Papa-mosca e potrião

A — As aves do paraíso
De que nos faltou falar
Outras de nome estrangeiro
Que não se pode rimar
O abutre do Egito
Katete e frango-do-mar

Z — Para um trabalho insano
Inda vou te convidar
Você se diz competente
Pode bem me acompanhar
Vamos descrever os nomes
Dos peixes que tem no mar

A — Xaréu, baleia, cavala
Carapeba e tubarão,
Boto, sioba, navalha
Bagre, viola e cação
Mero, tainha, pescada
Pata-rocha e bodião

Z — Prego, salmão e rosada
Piraíba, aruanã
Morêa, solha, piaba
Peixe-boi, curimatã
Papa-terra e bicudinha
Boca-mole e corimã

A — Galé, bacalhau, bicuda
Cigarra, polvo, delfim
Balista, mola e biquara
Dentão e camurupim
Cabricunha e cuspe-cuspe
Bailadeira e camurim

Z — Barboto, salvel, piranha
Biluca, boga e pacu
Lavadinha e tintureira
Jurupoca e camuru
Pacupeba e pirarara
Peixe-porco e baiacu

A — Pirarucu e ferreiro
Carovina e roncador
Tromba, golfinho, donzela
Bicançuda e ralhador
Tagona, tuca e barbeiro
Hipocampo e voador

Z — Coió, misilão, cascudo
Bico, dourado, mandi
Carapau, lúcio e cutelo
Jula, cavaco e mugi
Acaraúna e lanceta
Peixe-serra e tambaqui

A — Frango-do-mar e torpedo
Juliana e jacundá
Alvacora e peixe-aranha
Pampo-lixo e peroá
Vintém, camboto e agulha
Castanheta e jundiá

Z — Gato, muçú e sardinha
Gabião, freira e bacu
Bonito, manta e arraia
Louva-deus, peranambu
Sirigado e carapeba
Douradinha e timucu

A — Garoupa e sapata-preta
Esturjão e mobi
Lampreia, frade e carepa
Sapateiro e mavali
Carapó, serra e coitada
Patambeta e lambari

Z — Arabaiana e boquinha
Dragão e piramutá
Briamente e salmonejo
Zimbo, litão e cará
Caico, lula e traíra
Barriguinha e cambotá

A — Já conheci teu talento
Na teoria na prática
Vamos entrar num tratado
Da física matemática
Segundo a gravitação
Na ciência pneumática

Z — Eu nunca fui titulado
Como rara inteligência
Porém só digo uma coisa
Quando tenho consciência
Eu discuto com você
Qualquer ramo de ciência

A — Zé Duda é muito tarde
Tenho um negócio a tratar
Por este motivo justo
Eu não posso demorar,
Deixamos a discussão:
Finda-se noutro lugar

Em homenagem às mulheres

Vou descrever a mulher,
Este arcanjo idolatrado,
Cupido, o deus do amor,
Vive a ela associado,
Tem afeto e eloqüência
No céu da nossa existência,
Tem ela um trono firmado

A natureza esmerou-se
Em fazê-la assim formosa,
Deu-lhe o cabelo tão lindo,
A boca muito mimosa,
A sua face corada,
Ao romper da madrugada,
Parece um botão de rosa

O sorriso da mulher,
Não pode haver descrição,
É justamente do riso,
Que desabrocha a paixão,
Os seus seios virginais,
Para mim são dois punhais,
Que nos fere o coração

Os olhos da mulher são
Duas pedras brilhantes,
São dois faróis pelo mar,
A guiar os navegantes,
Suas mãos são de cetim,
Os seus dentes de marfim,
Um colar de diamantes

O pranto de uma mulher
Ninguém pode resistir,
São como gotas de orvalho
Serenamente a cair,
Tudo fica comovido,
Ali não há mais pedido,
Que faça o homem sorrir

Deus pra fazer a mulher,
Muito teve que lutar,
Ela vive aqui no mundo,
Para sofrer e amar,
O homem mais valentão,
Tem de pedir-lhe o perdão,
Ante ela se curvar

Pois a mulher é um anjo,
Que bem merece atenção,
É ela quem nos consola
Nas horas de ingratidão,
Por nós o pranto derrama,
E com carinho nos chama
Filho do meu coração

O homem não sabe dar
O merecido valor
A esse ser sacrossanto,
Que nos trata com fervor,
E ela a mulher querida,
Que expõe a própria vida,
Em troco do nosso amor

Como uma flor no jardim,
A mulher nasce no mundo,
Tem beleza e tem primor,
O seu perfume é fecundo,
Desabrocha num momento,
Também desfolha-se ao vento,
Murchando assim num segundo

Sendo a mulher virgem ainda
É como a flor em botão,
Quando o dia vem nascendo,
Ao soprar da viração,
Ela ali no verde galho,
Toda banhada de orvalho,
Tem encanto e atração

Vem um dia o beija-flor,
Dar-lhe um beijo com ternura,
A flor pendida desmaia,
Perdendo a sua candura,
As pétalas caem no chão,
Nascendo no coração,
O sopro da desventura

O homem vive no mundo,
Só na mulher a pensar,
Quando chega aos vinte anos,
O seu desejo é casar,
Procura uma namorada,
Meiga, formosa, educada,
Que seu nome possa honrar

Ele tem muita razão,
Em pensar dessa maneira,
Procurando antes de tudo
A querida companheira,
Porque viver sem mulher,
A vida perde o mister,
É uma tristeza inteira

E mesmo o rapaz solteiro,
Leva um viver desgraçado,
Não tem um lar que descanse,
Quando se acha enfadado,
E seja lá como for,
Jamais terá o valor,
Que tem o homem casado

Se o pobre mora em castelo,
É tudo desarranjado,
A roupa suja num canto,
O lixo ali ao seu lado,
E quando quer passear,
Ralha por não encontrar,
O terno branco engomado

Não há dinheiro que chegue,
Para fazer a despesa,
O ordenado do mês,
Vai embora com certeza,
Além de tudo esse pobre,
Esperdiçou o seu cobre,
Vivendo assim na pobreza

Se ele fosse casado,
Teria a mulher amada,
Que lhe cuidasse de tudo,
Não faltaria mais nada,
Melhorava a sua vida,
Tinha conforto e guarida,
A sua roupa engomada

Antigamente a mulher,
Somente em casa vivia,
Trabalhando na cozinha,
Nas obrigações do dia,
E passava a vida inteira,
No seu lar prisioneira,
Pra canto algum não saía

O homem não confiava,
O seu trabalho à mulher,
Julgando que ela fosse
Um ser de pouco mister,
Isso foi tempo passado,
Porém hoje tem mostrado,
Que faz tudo quanto quer

Agora vemos mulheres,
Em suas obrigações,
Trabalhando igual ao homem,
Em várias colocações,
Engrandecendo a nação,
A pátria do coração,
São as suas pretensões

Temos mulheres formadas
Em comércio e medicina,
Farmácia, Direito e tudo
Quanto a ciência hoje ensina,
Portanto a mulher de agora,
Não é aquela de outrora,
Seu valor já predomina

A mulher considerava-se
Ao homem inferior,
Mas no decorrer do tempo,
Tem mostrado o seu valor
Deu provas de inteligente,
E que não nasceu somente,
Para sofrer o amor

Até na luta ela tem
Mostrado a sua façanha,
O soldado vai à guerra,
Sua mulher acompanha,
Enfrenta todo perigo,
Sem temer o inimigo,
Nos horrores da campanha

Então no furor da guerra,
Quando ribomba a metralha,
Ela trata dos feridos,
Pelos campos de batalha,
Com muito zelo e cuidado,
Cumprindo um dever sagrado
Essa heroína trabalha

O soldado que levou
Um ferimento no peito,
Lutando em nome da pátria,
Defendendo o seu direito,
Tendo a mulher a seu lado,
Sendo por ela tratado,
Se morrer vai satisfeito

Agora caros leitores,
Sobre o beijo vou falar,
O beijo de uma mulher,
Muito goza quem o levar,
Sendo ele demorado,
Da boca de um anjo amado,
Que delícia faz causar!

Na terra o beijo contém,
Um gosto excelso e fecundo,
Embriaga o coração,
Tem um perfume profundo,
Quem um beijo assim levou,
Também experimentou,
O maior prazer do mundo

Se o beijo fosse comprado,
Que fortuna não valia?
Com certeza muito caro,
Em toda parte seria,
Pra quem quisesse comprar,
Havia então de gastar,
Muito dinheiro hoje em dia

Porém o beijo na vida,
Qualquer um pode gozar,
Dinheiro algum não precisa,
Da algibeira ele tirar,
Quem quiser experimente,
Amando sinceramente,
Só assim pode beijar

Do beijo nasce a paixão,
Da paixão surge o amor,
Se nada disso existisse,
Tudo era pranto, era dor,
O mundo era um deserto,
De luto todo coberto,
Nada teria valor

O homem não trabalhava,
Nem ligava a sua vida;
Porque não tinha na terra,
A companheira querida,
Não precisava lutar,
Para viver sem amar,
Sua luta era perdida

O homem que é casado,
E tem família também,
É quando pode saber,
O valor que mulher tem,
Vendo os grandes empecilhos,
Que sofre pelos seus filhos,
Para guiá-los ao bem

A nossa querida mãe,
Nos seus braços nos criou,
Grandes tormentos na vida,
Por nossa causa passou,
Quando ainda pequeninos,
Seus santos seios divinos,
Foi quem nos amamentou

Mesmo sendo muito pobre,
A nossa mãe adorada,
Nunca despreza o seu filho
Morre com ele abraçada,
Grande exemplo de carinho,
Que tem para o seu filhinho,
Sofrendo assim consolada

Mãe! palavra sacrossanta,
Que devemos venerar,
Bálsamo feito de luz,
Para nos suavizar,
Consolo dos desgraçados,
Alívio dos desprezados,
Hóstia santa no altar

A mulher quando é mãe,
Seu amor é singular,
Pelo filho estremecido,
Luta sem nunca cansar,
E passa uma noite inteira,
Como uma santa enfermeira,
Para o mesmo acalentar

Se o filho viver alegre,
Ela está também contente,
Porém se ele está triste,
Ela sofre horrivelmente,
Amor de mãe é suave,
É como o gorjeio d'ave,
Nas horas do sol nascente

Tudo passa sobre a terra,
Com toda velocidade,
Somente o amor de mãe,
Reina toda a eternidade,
Tudo definha e se esquece,
Só ele nunca fenece,
No seio da humanidade

Vem em segundo lugar,
A nossa esposa adorada,
Por ela é que nós deixamos
Nossa primeira morada,
Pois uma esposa exemplar
É quem nos pode guiar,
Nesta vida amargurada

O homem abandona o lar,
Para com ela viver,
Pois a esposa consola,
Nos momentos de sofrer,
Esposa santa e querida,
Anelo de nossa vida,
Por ti devemos morrer

Desde o primeiro momento,
Que Deus criou a Adão,
Deu-lhe o santo paraíso,
Pra nele viver então,
Mas ele vivia triste,
Dizendo ninguém resiste,
Viver nessa solidão

Então Deus o vendo assim,
Cheio de mágoa e tristeza,
Ofereceu-lhe os tesouros
Mais raros da natureza,
E Adão agradecia,
Dizendo que não queria,
Aquela imensa riqueza

O Criador conhecendo,
Que nada tinha mister,
Disse então: "Escolhas tudo!
Que teu desejo quiser..."
Disse Adão: "Dessa maneira
Preciso uma companheira";
E Deus formou a mulher

A morena brasileira,
Possui todos os sinais
Da formosura mais rara,
Das mulheres mundiais,
Nas horas do arrebol,
Parece os raios do sol,
Quando beija os matagais

Quem vir uma brasileira,
Com seu olhar fascinante,
Fica logo apaixonado
Pelo seu lindo semblante,
Nunca mais pode esquecê-la
Procura tornar a vê-la,
Toda hora, todo instante

Qualquer um que se casar,
Com tão bela criatura,
Vai encontrar uma vida,
Cheia de gozo e ventura,
Porque toda brasileira,
Tem o dom de feiticeira,
Tem perfume e tem ternura

Quem viajar no sertão,
Terá o gosto de ver
A morena sertaneja,
Sem a moda conhecer,
Muito galante e bonita,
Sem pó, sem carmim, sem fita,
Na face o sangue a verter

Exposta ao vento e à chuva,
Aos raios do sol tão quente,
Trabalhando na fazenda,
Fadiga alguma não sente,
Corre atrás de qualquer rês
E julga que nada fez,
Fazendo abismar a gente

A morena brasileira,
As faces cor de canela,
Não pode existir no mundo,
Tão formosa quanto ela,
Quando é solteira ainda,
É meiga, faceira e linda,
Esta querida donzela

Filhos, amai vossa mãe,
Com todo zelo e carinho,
Porque ela é nesse mundo,
Como o terno passarinho,
No galho do pau florido,
Entre os ramos escondido,
Acolhe o filho no ninho

Esposo, amai vossa esposa,
Esta fiel companheira,
Que nos consola o sofrer
Desta vida passageira,
Pois assim tereis cumprido,
Deveres de bom marido,
Fazendo desta maneira

Mulher, tu és sobre a terra,
O símbolo da perfeição,
Eu tenho um altar construído
Dentro do meu coração,
Aonde irei ajoelhado,
Anjo santo idolatrado,
Fazer minha devoção

Leitores vou terminar
A pequena descrição,
Se não saiu do agrado,
A todos peço perdão.
Porque está pra nascer,
Quem venha bem descrever,
A mulher com perfeição

JOÃO MARTINS DE ATHAYDE
o Retirante

O retirante

É o diabo de luto
No ano que no sertão,
Se finda o mês de janeiro
E ninguém ouve trovão
O sertanejo não tira,
O olho do matulão

E diz à mulher:
"Prepare o balaio,
Amanhã eu saio
Se o bom Deus quiser,
Arrume o que houver
Bote em um caixão
Encoste o pilão
Onde ele não caia
Arremende a saia
Bata o cabeção

Se meu padrim padre Cícero
Quiser me favorecer,
Eu garanto que amanhã
Quando o sol aparecer
Nós já sabemos da terra
Onde ache o que comer

Vá logo ao chiqueiro
Amarre a cabrinha,
E mate a galinha
Que está no terreiro
Leve o candeeiro
E duas panelas
Arrume as tigelas
E se tiver xerém
Cozinhe o que tem
Prepare as canelas"

E lá vai de estrada afora
O velho com um matulão,
Um chapéu velho de couro
Uma calça de algodão
Com uma enxada no ombro
Dizendo adeus ao sertão

Já não tem mais força
Vista muito menos,
Dez filhos pequenos
Quinze filhas moças
Faltando-lhe as onças
Além de não ver
Ao ponto de ter
Três filhos mamando
Quatro se arrastando
Cinco por nascer

Diz o velho: "Minhas filhas
Não era do meu desejo
Eu ir degredar vocês
Na terra dos carangueijos
O Sul presta para tudo,
Menos para sertanejo

Tem naqueles matos
Um tal maruim,
Filho de Caim,
Neto de Pilatos
E os carrapatos
Mordem que faz pena
Muriçoca em cena
Com um canto grego
Só música de negro
Em tempo de novena"

Partem qual Eva e Adão
Partiram do paraíso
Não há um lábio entre tantos
Que se veja nele um riso
Se despedindo um dos outros,
Até dia do juízo

E chega a ranchada
Ao senhor de engenho
Diz o velho: "Eu tenho
Esta filharada
Família pesada
E não tenho jeito
Preciso e aceito
Qualquer sacrifício
Não tenho um ofício
Vou cair no eito"

O senhor de engenho olha
E vê gente em quantidade,
Meninos de doze anos
Até três meses de idade
Inda o velho diz: "Meus filhos
Morreram mais da metade

Só em Juazeiro
Tem doze enterrados,
Fora os enjeitados
Um inda solteiro
Meu filho primeiro
Também já morreu
Desapareceu
Outro pequenino
E fora um menino,
Que a onça comeu"

O senhor de engenho
Vê mais de cem na estrada
Umas moças, outras chegando
É grande rapaziada
A velha com a barriga
Que chega vem empinada

O dono da terra
Vê aquela tropa,
Que só a Europa,
Em tempo de guerra
Ali não se encerra
O grupo que tem;
Atrás inda vem
Fora o que ficou
Os que lá deixou,
Os que deu a alguém

Deu dezoito ao padre Cícero
E quinze espalhou por lá;
E uns dezesseis ou vinte
Andam pelo Ceará;
E na barriga da velha?
Quem sabe quantos terá?

Ela de uma vez
Que se confessou,
Num dia abortou
Bem uns cinco ou seis
Devido um freguês
Que teve uma briga
Formando uma intriga
Por um crime injusto
Ela teve um susto,
Perdeu a barriga

Ela no mês de São João
Teve Vicente e André
Em julho teve Paulina
Em agosto, Salomé
Em setembro teve três
Bernardo, Cosmo e Tomé

Em outubro, Ana
E eu não me lembro
Se foi em novembro
Que nasceu Joana
Rita e Damiana,
Nasceram em janeiro
E em fevereiro
Nasceu um ceguinho
Quando eu ia em caminho
Para o Juazeiro

Exclama o senhor de engenho:
"Que carritia danada!...
Nasceram tantos num ano?
Sua história está errada"
"Ou xente!" respondeu o velho
"Se admira? Isto é nada!"

Mulher do sertão
Indo a Juazeiro
Levando dinheiro
Ouvindo o sermão
Vendo a procissão
Que faz meu padrinho
No meio do caminho
Ela tem de ver
Menino nascer
Que só bacurinho

E lá vai aquela prole
Sujeitar-se ao cativeiro,
Limpar cana o dia todo
Por diminuto dinheiro
Fazendo dez mil promessas
Ao padre de Juazeiro

Dizia em oração
Divino presbítero,
Santo padre Cícero:
"Tenha compaixão
De vosso sertão
Olhai para nós
Que sofrer atroz
Sem se ganhar nada
De trouxa arrumada
Confiamos em vós

Lançai vossos olhos santos
Para as almas pecadoras
Ouvi os grandes gemidos
Das famílias sofredoras
Vêde que o senhor do engenho,
Não tome nossas lavouras"

Se quereis me ajudar
Que chova em janeiro,
Que em fevereiro
Eu possa plantar
E possa voltar
Não morra em caminho
Vou indo sozinho
E rezo num dia
Dez Ave-Maria
Para meu padrinho

Oh! padre santo, nos tirai
Desse país de mosquitos,
As noites aqui são tão feias
Os dias são esquisitos
Ao passo que no sertão,
Os campos são tão bonitos

Amanhece o dia
Aqui nessa terra,
Na mata e na serra
Nem um grilo chia
Não há alegria
Ao romper da aurora
Tudo vai embora
Fica a solidão
Foi aqui que o cão,
Perdeu a espora

No sertão às cinco horas
O carão canta no Rio,
E no campo a seriema
Grita o tetéu no baixio
Passa voando aos pulos
Nos ares o corrupio

Às vezes eu babo
Da ira que tenho
O senhor de engenho
Tem um tal de cabo
Esse é o diabo
Pior que um dragão
Eu faço tenção,
De um dia pegá-lo
Mandar encabá-lo
Na foice do cão

Uma é ver outra é contar
O Diabo como é,
Como o cachorro do mal
Desesperado da fé
Ontem jurou de quebrar
O cachimbo da muié"

Eu disse: "Provoque
Que eu agaranto
Não haver um canto
Que você se soque
E se quiser toque
No cachimbo dela
Pra ver como ela
De que jeito fica
E se você não estica,
Agora a canela"

A muié já não é boa
No eito o sol esquentando,
Um toco preto atrás dela
Como quem está esporando
Dizendo: "Aqui está mal limpo"
E de hora em hora falando

Além do sol quente
Vem o cão de um negro
Da cor de um morcego
Perturbando a gente
Nunca vi um ente
Como o negro é
Eu disse com fé:
"Quer ver meu carimbo?
Toque no cachimbo
Da minha muié"

Ora, um pobre que trabalha
No eito a semama inteira
Depois que sai do serviço
Ir procurar macaxeira
Pra cozinhar e comer,
Com chá de erva-cidreira

Depois de cear
Sentado no chão,
Ao pé do fogão
A se lastimar
Onde vai falar
Da grande pobreza
E tendo a certeza
De findar na desgraça,
Aquela fumaça
É a sobremesa

O desgraçado do cabo
Não deixa a gente fumar
Porque disse que cachimbo
Empata de trabalhar
Minha muié acendendo
Ele jura de quebrar

Naquele paul,
É um mosquiteiro,
Pior que um chiqueiro
Nas casas do sul
Quem já vem azul
Com fome e cansado
Além de arranhado
No mocambo entrou,
Porém encontrou
O fogo apagado

E o cabo agora
Ali encostado
Num pau escorado
Gritando: "Vambora!
Avie e isso fora
Não há outro jeito
Levante sujeito!...
Que demora é essa?
Almoço só presta,
É mesmo no eito!"

Se ele for para o lado
Onde tem um fogo feito
"Onde vai?" pergunta o cabo
Um pouco mal satisfeito
"Você se empalhando assim
Está atrasando o eito"

É o resultado
Do pobre que vem
Sem nem um vintém
E desarranchado
Não acha um danado
Que a porta lhe abra
Que sorte macabra
Com filhos demais
A mulher atrás
Puxando uma cabra

Bibliografia

Almeida, Átila Augusto F. de & Sobrinho, José Alves. *Dicionário bio-bibliográfico de repentistas e poetas de bancada*. João Pessoa, Editora Universitária, 1978.

Athayde, João Martins de. *O trovador do Nordeste* (primeira série). Com notas e comentários de Waldemar Valente. Recife, 1937.

Medeiros, Coriolano de. *Dicionário corográfico da Paraíba*. João Pessoa, 1947.

Pedrosa, Paulo. "Cangaceiros e Valentões". *Diário de Pernambuco*, Recife, 16 jan. 1944.

Proença, Cavalcanti. *Literatura popular em verso*. Rio de Janeiro, Fundação Casa de Rui Barbosa, 1964, p. 569.

Silva, Minelvino Francisco. *Vida, profissão e morte de João Martins de Athayde*. Salvador: Fundação Cultural do Estado da Bahia, s.d.

Valente, Waldemar. "João Martins de Athayde: um depoimento". *Revista pernambucana de folclore*, Recife, maio-agosto, 1976.

TÍTULOS PUBLICADOS

1. Patativa do Assaré
2. Cuíca de Santo Amaro
3. Manoel Caboclo
4. Rodolfo Coelho Cavalcante
5. Zé Vicente
6. João Martin de Athayde
7. Minelvino Francisco Silva
8. Expedito Sebastião da Silva
9. Severino José
10. Oliveira de Panelas
11. Zé Saldanha
12. Neco Martins
13. Raimundo Santa Helena
14. Téo Azevedo
15. Paulo Nunes Batista
16. Zé Melancia
17. Klévisson Viana
18. Rouxinol do Rinaré
19. J. Borges
20. Franklin Maxado
21. José Soares
22. Francisco das Chagas Batista

Edição	Jorge Sallum
Co-edição	Bruno Costa
Capa e projeto gráfico	Júlio Dui e Renan Costa Lima
Programação em LaTeX	Marcelo Freitas
Assistente editorial	Janaína Navarro
Colofão	Adverte-se aos curiosos que se imprimiu esta obra nas oficinas da gráfica Bandeirantes em 1 de junho de 2010, em papel off-set 90 gramas, composta em tipologia Walbaum Monotype de corpo oito a treze e Courier de corpo sete, em plataforma Linux (Gentoo, Ubuntu), com os softwares livres LaTeX, DeTeX, vim, Evince, Pdftk, Aspell, svn e trac.